Rajinder Singh es nieto y sucesor en la línea de maestros espirituales de Sant Kirpal Singh, además un experto en la meditación de renombre internacional. Fue elegido presidente de la Confraternidad Mundial de Religiones y es director de Ciencia de la Espiritualidad, una organización sin ánimo de lucro, no religiosa, con más de 500.000 miembros a lo largo del mundo.

Por el mismo autor:

Perlas espirituales para una vida iluminada
Descubriendo el poder del alma por medio de la meditación
El hilo de seda de la divinidad
Visiones de la unidad y la paz espirituales
Ecología del alma

El poder sanador de la meditación

Rajinder Singh

Radiance Publishers

© Derechos reservados 2008 Radiance Publishers
Naperville, Illinois, EE. UU.

Library of Congress Control Number:

ISBN 10: 0-918224-60-8
ISBN 13: 978-0-918224-60-6

Diseño de portada por seagulls.
El título de este libro en inglés es *Inner and Outer Peace through Meditation*.
Traducción al español por el Comité de Traducciones SK.
Impreso en 2008 por Printcrafters en Canadá.

Ediciones anteriores se han publicado en Bogotá, Colombia bajo el título *Exploración de la paz* en 1995; en Medellín, Colombia bajo el título *El poder sanador de la meditación* en 1998; en Quito, Ecuador bajo el título *Paz interna y externa por medio de la meditación* en 1998; y en Lima, Perú bajo el título *Paz interna y externa por medio de la meditación* en 2001.

Contenido

Parte III: Paz externa

Dedico este libro a mis Maestros espirituales,
Sant Kirpal Singh Ji Maharaj
y Sant Darshan Singh Ji Maharaj,
quienes compartieron con el mundo
un método de meditación
que puede guiar a la humanidad
a la paz interna y externa.

Reconocimientos

Quisiera manifestar mi reconocimiento y agradecer a mis venerables Maestros espirituales, Sant Kirpal Singh Ji Maharaj (1894-1974) y Sant Darshan Singh Ji Maharaj (1921-1989), quienes me enseñaron la práctica de la meditación.

En la actualidad, Sant Kirpal Singh Ji Maharaj es conocido mundialmente como el padre del movimiento por la Unidad del Hombre. A su vez, Sant Darshan Singh Ji Maharaj fue reconocido como uno de los santos poetas del misticismo más destacados en los tiempos modernos y recibió cuatro premios de la Academia Urdu por su poesía. Los valores eternos de la vida y el método práctico de la meditación que ellos me enseñaron y que pueden ser practicados por gente de todas las edades, nacionalidades, religiones y de los diferentes senderos de vida, los comparto con la humanidad entera en este libro.

Quisiera dar las gracias a mi respetada madre, Mata Harbhajan Kaur Ji, quien acompañó a mi padre en su misión espiritual y quien ha sido para mí una fuente de inspiración.

Me gustaría expresar mi gratitud a mi querida esposa Rita Ji, quien trabaja incansable y desinteresadamente para servir a la humanidad y compartir el amor con toda la gente alrededor de todo el mundo, congregándola como parte de una gran familia.

Quisiera agradecerles también a Jay y Ricky Linksman por su ayuda en la corrección y publicación de este manuscrito. Quiero asimismo agradecerle a Dios por su amor, guía y gracias incontables. Que su Luz y su Amor iluminen todos los corazones.

Rajinder Singh

Introducción

En este libro Sant Rajinder Singh Ji Maharaj explica cómo se puede crear la paz a través de la meditación y la contemplación interna.

Creo que el propósito mismo de la vida es ser feliz. Desde el momento del nacimiento, cada ser humano quiere la felicidad y no desea sufrir. Desde las profundidades de nuestro ser, simplemente deseamos la satisfacción. Por lo tanto, es importante descubrir lo que producirá el más alto grado de felicidad. Cuando consideramos lo que realmente somos los seres humanos, encontramos que no somos objetos mecánicos. Por lo tanto, es un error colocar todas nuestras esperanzas sólo en el desarrollo externo. De aquí que debemos dedicar nuestros más serios esfuerzos para obtener la paz mental.

Es mi experiencia que el supremo grado de tranquilidad interna proviene del desarrollo del amor y la compasión. Mientras más nos preocupemos por la felicidad de los demás, mayor será nuestro propio sentido de bienestar. Cultivar un sentimiento de cercanía y de calidez por los demás, automáticamente tranquiliza la mente.

Aunque en la búsqueda de la paz global podemos hablar acerca de desmilitarización, es necesario comenzar con alguna clase de desarme interno. La clave para una paz mundial genuina es la paz interna, y el fundamento de ello es un sentido de comprensión y respeto mutuo como seres humanos, basado en la compasión y el amor. La compasión es, por naturaleza, pacífica y gentil, pero es también muy poderosa. Es un signo de verdadera fortaleza interna. Sin embargo, la compasión no surge simplemente porque se disponga hacerlo así. Tal sentimiento sincero tiene que crecer gradualmente, debe ser cultivado dentro de cada individuo, basado en la propia convicción de su valor.

No habrá paz duradera en el mundo a menos que los seres humanos tengan idea de la paz interior. Para crear la paz interior es necesario calmar la mente, de ahí la importancia de la meditación. Agradezco enormemente la contribución que hace aquí Sant Rajinder Singh Ji para lograr la meta de la paz, por la cual todos estamos trabajando. Que los lectores de este libro puedan encontrar la paz dentro de sí mismos por medio de la meditación, y así alentar un mayor sentido de paz en todo el mundo.

Dalai Lama

PARTE I

Paz interna

UNO

Meditación para la paz interna

---

ivimos en una época en la que hemos hecho un inmenso progreso en las áreas de la ciencia y la tecnología. Hemos enviado naves espaciales a la luna y a los planetas de nuestro sistema solar e investigado las partículas del mundo subatómico. Se han dado pasos colosales en el área de la medicina. Los científicos y médicos han encontrado curas para muchas enfermedades y aún pueden reemplazar órganos vitales del cuerpo para mantener vivo a un paciente. La inmensa serie de inventos y aparatos debería haberle proporcionado paz y felicidad a la humanidad. Sin embargo, con todos los avances tecnológicos, no vivimos en paz. Algo falta en nuestras vidas. Hoy en día encontramos a la gente acosada por la tensión y el estrés continuos. Las enfermedades relacionadas con el estrés han ido aumentando. Mucha gente experimenta problemas interpersonales y desdicha en sus relaciones. Hallamos conflictos al nivel de la familia, de la comunidad, de la nación y del mundo.

La gente ensaya diferentes medios para escapar de las penas y desilusiones de la vida. Algunos tratan de encontrar la felicidad visitando lugares de diversión o entregándose a los placeres sensuales. Muchos recurren a las drogas o al alcohol. Todas estas formas de escape pueden proporcionar alguna felicidad momentánea o temporal, pero no son curas. Aún tenemos que regresar a hacerle frente a los problemas de la vida. Incluso algunos de estos medios de escape producen adicción o son dañinos. En esta época de avances científicos, comenzamos a preguntarnos si habrá alguna manera de encontrar la felicidad permanente en este mundo. ¿Será posible su realización o es tan solo un sueño?

Muchos de los más grandes pensadores, filósofos, santos, místicos y fundadores de las religiones han pasado sus vidas en busca de la paz y la felicidad perennes y duraderas. Si leemos los escritos de los santos y los místicos a través de las edades, encontramos que ellos descubrieron que la paz y la felicidad verdaderas se encuentran dentro de nosotros.

En las últimas décadas encontramos más y más personas que llegan a la misma conclusión a la que llegaron los santos y místicos del pasado: la gente está explorando la meditación como un medio para encontrar la paz y la felicidad en su interior. Estudios recientes en el campo de la ciencia confirman que la meditación puede mejorar nuestro bienestar físico y mental. Además de tener un efecto positivo sobre el cuerpo y la mente, también ayuda a desarrollarnos espiritualmente. Por lo tanto, la meditación nos puede ayudar en las esferas física, mental y espiritual de nuestras vidas.

Los médicos y especialistas prescriben la meditación como un tratamiento para una variedad de dolencias relacionadas con el estrés, tales como enfermedades del corazón, dificultades respiratorias y problemas estomacales. Un estudio médico del Dr. John L. Craven publicado en una revista médica declara: "Estudios controlados han encontrado una reducción tangible de la ansiedad en los meditadores... Varias condiciones relacionadas con el estrés han demostrado mejoría durante los ensayos clínicos de la meditación, las cuales incluyen: hipertensión, insomnio, asma, dolores crónicos, taquiarritmias cardíacas, ansiedad fóbica" ("Meditation and Psycotherapy", *Canadian Journal of Psychiatry*, Vol. 34, octubre de 1989, páginas 648 a 653).

Muchos hospitales y centros médicos han comenzado a ofrecer cursos de meditación para ayudar a sus pacientes a mejorar su salud. La meditación le ayuda al cuerpo de diversas maneras. Nos coloca en un estado de relajación. En otro estudio, el Dr. Ilan Kutz et ál. declaran:

> A medida que se desarrolla la habilidad para meditar, se origina una escala de sensaciones, que va desde una relajación profunda hasta marcadas alteraciones emocionales y cognoscitivas. Los cambios en los mecanismos fisiológicos por los cuales se alteran las emociones y los conocimientos debido a la meditación, no han sido determinados completamente. Muchos de estos cambios periféricos son compatibles con el descenso en los estímulos del sistema nervioso simpático. Estos cambios fisiológicos periféricos han demostrado su valor en tratamientos primarios o secundarios en variados desórdenes médicos tales como hipertensión y arritmias cardíacas, así como también para aliviar estados de ansiedad y dolor" ("Meditation and Psycotherapy", *American Journal of Psychiatry*, Vol. 142, enero de 1985, páginas 1 a 8).

En la meditación nos olvidamos del cuerpo. Este y nuestras extremidades se relajan por completo. Al permanecer concentrados en la meditación, incluso perdemos la conciencia de cualquier dolor o incomodidad del cuerpo. Entre más tiempo lo hagamos, mayor será el tiempo de relajación de nuestro cuerpo. Se dice que una hora de completa concentración en la meditación es igual a cuatro horas de sueño. Por ello en nuestro atareado vivir, dedicar tiempo a la meditación tiene el efecto de varias horas de descanso. Salimos de ella con renovada fortaleza y vitalidad.

La meditación también se usa para reducir una variedad de problemas que afectan mental y emocionalmente a la gente. Aún cuando la ciencia nos ha ayudado a dominar el medio físico, muchos individuos se encuentran a sí mismos sin ningún control sobre situaciones que surgen a su alrededor. Observamos que tienen una multitud de problemas que involucran sus relaciones interpersonales. Son perturbados por la ansiedad, la depresión, la ira, el temor, la falta de autoestima y una diversidad de otras condiciones emocionales. Un amplio segmento de la población consume alcohol y drogas para aliviar sus afecciones mentales y emotivas. La meditación brinda una respuesta que es sana, efectiva y perdurable.

En la meditación entramos en contacto con una fuerza divina. Este poder se manifiesta a sí mismo como una luz amorosa. Cuando contactamos esta luz en nuestro interior, experimentamos una profunda paz, bienaventuranza y felicidad, incomparables a cualquier otra cosa que podamos encontrar en este mundo. Nos impregnamos de un amor divino que luego nos cubre y nos llena. Hay tanta alegría dentro de nosotros que no quisiéramos abandonar ese estado. La belleza de la meditación es que esta embriaguez perdura aún después de reanudar nuestras actividades diarias.

La meditación no elimina los problemas de la vida, pero hace que los enfoquemos desde un nuevo ángulo de visión. Hay un relato instructivo en la vida de Akbar el Grande de la India. Akbar era un emperador que tenía una corte de consejeros. El más sabio de ellos era Birbal. Un día, el Emperador les planteó un problema para ver quién de ellos era capaz de resolverlo. Trazó una línea en la arena con una vara y preguntó quién podría hacerla más corta sin tocar ninguna parte de ella. Los consejeros se rascaban la cabeza sin saber qué hacer. No se podían imaginar cómo acortar una línea sin borrarla ni tocarla. Pero Birbal dio un paso al frente, tomó la vara y dibujó una raya más larga paralela a la primera, haciéndola ver más corta.

La meditación proporciona una solución similar a las dificultades de la vida: no las elimina, pero nos da un nuevo ángulo de visión, una nueva perspectiva. Nos transporta por encima de la esfera del mundo físico para que podamos entrar en las regiones de paz y bienaventuranza. El contacto con esta embriaguez interna es tan satisfactorio que dejamos de mirar los problemas de este mundo de la misma manera. Comienzan a esfumarse como burbujas vaporosas. Llevamos con nosotros este éxtasis interno y podemos utilizarlo en cualquier momento. Esta bienaventuranza interna nos ayuda a olvidar nuestras penas y sufrimientos. Nos damos cuenta de que hay mucho más fuera de este mundo físico. Cuando comprendemos que nuestra estadía temporal en este planeta no es más de unos cincuenta, sesenta o cien años y que hay vida en el más allá, una realidad superior, los problemas dejan de afectarnos tanto. Reconocemos que las pequeñas peculiaridades de las demás personas, las dificultades que nos molestan en el trabajo, en el hogar o el vecindario, no son más que tormentas pasajeras, pues sabemos que existe un reino de cielo azul, lleno de Luz radiante, brillando por encima de las nubes.

A otro nivel, la meditación nos ayuda a incrementar el poder de la concentración y nuestra eficiencia en las esferas mundanas. Al practicarla con regularidad, nos acostumbramos a controlar nuestra atención. Entonces podemos dirigirla y enfocarla en cualquier cosa que queramos, ya sea en nuestros estudios, profesiones, deportes, artes o en resolver problemas. Nos acostumbramos a enfocarnos en una sola cosa a la vez. Este esfuerzo concentrado nos ayuda a sobresalir en el área que escojamos. El éxito en cualquier esfera es el resultado del esfuerzo sostenido y de la atención concentrada. Desarrollamos esta cualidad a través de la práctica continua de la meditación. Por lo tanto, además de los beneficios físicos y mentales que obtenemos de ella, mejoran nuestras circunstancias externas debido al mayor éxito obtenido en nuestra vida externa.

Tradicionalmente, la meditación ha sido el medio por el cual las personas han logrado su desarrollo espiritual. Así se le llame concentración, inversión, oración o meditación, toda religión y filosofía la mencionan como una manera para lograr el conocimiento de nuestra alma y del poder divino dentro de nosotros. Por edades la humanidad se ha formulado preguntas tales como: "¿Quiénes somos?", "¿De dónde venimos?", "¿A dónde vamos al morir?" y "¿Existe Dios?". Tanto la ciencia como la religión han procurado responder estas preguntas. El proceso de la meditación es el que puede darnos un conocimiento empírico del más allá y proveer las respuestas a estas preguntas.

Mediante la meditación podemos separar nuestra alma del cuerpo y viajar en el más allá. Oímos de personas que han tenido experiencias cercanas a la muerte, quienes debido a la muerte clínica, pasaron a través de un túnel. Emergieron en una región de Luz y se encontraron con un ser resplandeciente. Experimentaron tanto amor, calidez y paz de este ser como nunca lo habían sentido en sus vidas físicas. Se dieron cuenta de que tenían una existencia que duraba más que sus cuerpos físicos. Por medio de la meditación podemos tener esta experiencia sin necesidad de padecer una muerte clínica. Podemos elevarnos por encima de la conciencia del cuerpo de una manera fácil, suave y natural, experimentar las regiones de bienaventuranza, Luz y belleza del más allá, y descubrir nuestra propia inmortalidad.

Al explorar los reinos internos, conocemos lo que sucede después de la muerte. La jornada espiritual empieza en verdad donde terminan las experiencias cercanas a la muerte. Descubrimos la belleza, el amor y la paz eternos dentro de nosotros. Una vez que vemos esta realidad superior, percibimos este mundo tan solo como un hogar temporal. Al separar el alma del cuerpo, perdemos el temor a la muerte. Viajamos por las regiones espirituales llenas de tanto éxtasis que ni siquiera deseamos regresar a este mundo.

Por lo tanto, sabemos que nos esperan reinos superiores y que la muerte no es el fin de nuestra existencia.

La meditación nos ayuda a obtener la paz interna. Cuando nuestra alma entra en contacto con la Luz del más allá, nos llenamos de una tranquilidad y plenitud total. Nos sentimos en paz con nosotros mismos y dejan de inquietarnos los problemas que nos rodean. Esta paz se irradia a todos los que se ponen en contacto con nosotros. Por ello, nos convertimos en una fuente de alegría e inspiración para los demás, ya sean nuestros familiares, amigos, compañeros de trabajo, nuestra sociedad o el mundo.

Uno de los beneficios de alcanzar la paz interna es que contribuye a la paz externa del mundo. Cuando nos elevamos por encima de nuestro cuerpo físico y experimentamos nuestro ser como alma, vemos además que todos los demás seres también son almas. Vemos que la misma Luz que hay dentro de nosotros, se encuentra también dentro de todos los demás. Comenzamos a darnos cuenta de que todos somos almas, parte de Dios. Todos somos miembros de una misma familia. Cuando vemos nuestra unidad esencial, comenzamos a desarrollar amor por todos. Cuando amamos a los demás como si fueran miembros de nuestra propia familia, sentimos un deseo de ayudarles. No queremos ver a nadie sufriendo. Por tanto, nos volvemos no violentos y pacíficos. Nos preocupamos por todas las cosas vivientes y por nuestro medio ambiente. Empezamos a tener en nuestro ámbito una influencia positiva sobre los demás y sobre nuestro medio ambiente.

Si cada persona alcanza la paz interna a través de la meditación y desarrolla amor por todos, no estará muy lejos el día en que reine la paz en nuestro planeta. Viviremos en unidad y en armonía los unos con los otros. De esta manera, nuestro logro personal de la paz y la felicidad contribuiría a una edad dorada de paz y felicidad sobre la tierra.

DOS

Cómo lograr la conciencia espiritual

Cuando nuestros ojos se abren a la luz del nuevo milenio que ha alboreado, vemos ante nosotros panoramas de nuevas realidades. El mundo que observamos ante nosotros es muy diferente al de ayer. Mucho más dramáticos que los cambios en nuestra tecnología son los cambios en nuestra percepción del mundo. La ciencia ha ampliado nuestra visión, extendiéndola desde las minúsculas partículas subatómicas hasta la luz brillante que irradia en los distantes quásares. El universo ya no se percibe como una materia sólida sino como paquetes danzantes de energía siempre en movimiento. Nuestro enfoque universal ha cambiado de creer solamente en lo que percibimos con los cinco sentidos, a reconocer que existe mucho más de lo que vemos con nuestros ojos físicos.

La ciencia ha comenzado a incursionar en reinos antes prohibidos, para explorar dimensiones inconmensurables con instrumentos comunes. Los científicos están despertando a la existencia de fenómenos que no pueden ser explicados por medio de los textos anticuados de ciencia con sus limitadas perspectivas. Al descubrir que hay dimensiones más allá de la física, ellos están cambiando nuestro concepto de la realidad. Abundan revistas con temas tales como las hipótesis acerca del origen del universo, los agujeros negros de tamaño diminuto que contienen una enorme energía o la posibilidad de entrar al espacio en un punto y luego emerger en una galaxia muy distante. Lo que antes era material para escritores de ciencia ficción, ahora es la base de serios estudios.

Además de explorar el espacio exterior, los científicos han comenzado a investigar los reinos del espacio interior. Encontramos doctores en medicina reportando casos de personas que han tenido experiencias cercanas a la muerte, en las que padecieron muertes clínicas pero fueron revividas. El libro del Dr. Raymond Moody, *Vida después de la vida,* documenta casos en los cuales personas que sufrieron experiencias cercanas a la muerte, comunicaron hechos similares. En el período en el cual estuvieron clínicamente muertas, muchas reportaron haber abandonado el cuerpo y verse flotando por la habitación, observando su cuerpo abajo. Pudieron flotar a través del hospital, mirar a menudo a sus parientes en otra habitación y escuchar sus conversaciones. Una asombrosa cantidad de personas sintieron que pasaron a través de un túnel hacia una región de Luz donde se encontraron con un ser bondadoso y radiante. Experimentaron una paz y felicidad trascendentes, que les fue difícil abandonar. Aún niños que fueron revividos tras su muerte clínica, describieron esta misma experiencia. Fue tan considerable el número de personas que pasaron por estas experiencias cercanas a la muerte y tan asombrosamente similares las descripciones, que los médicos y científicos encontraron muy difícil ignorar la posibilidad de que somos más que este cuerpo físico. Todos los que padecieron tal experiencia llegaron a la misma conclusión: hay vida más allá de nuestra vida presente.

Estos hallazgos se corroboran con las experiencias de los místicos a través de las edades. Lo que parece nuevo para el pensamiento occidental, ha sido un conocimiento ampliamente aceptado durante siglos en Oriente. En toda religión encontramos relatos de experiencias similares en los cuales la conciencia puede separarse del cuerpo físico. Hallamos extraordinarias descripciones de estados superiores de conciencia en diferentes religiones. En el hinduismo, encontramos la antigua historia de Savitri, cuyo esposo le fue arrebatado por la muerte. Se dice que ella abandonó el cuerpo y se aferró al ángel de la muerte implorándole que le regresara a su esposo a la vida. Tal fue el poder de su amor que su cónyuge fue revivido. En el budismo, tenemos el *Libro tibetano de la muerte,* que narra en detalle el viaje del alma cuando parte de este mundo. El islam reseña de manera pormenorizada las regiones del cielo, el infierno y el *ahraf* (purgatorio) a las cuales pasa el alma después de que termina su existencia física. En el cristianismo contamos con el libro de las Revelaciones, rico en descripciones de los reinos más allá de este mundo. En la cábala del judaísmo, se describe una cosmogonía de los planos superiores.

Un estudio más profundo de la esencia de cada religión revela una riqueza de experiencias místicas descritas por los santos y expertos espirituales. Cada uno, en su propia época, les enseñó a sus discípulos cómo trascender la conciencia física y explorar los reinos espirituales.

La conciencia espiritual es nuestro derecho de nacimiento. Es el logro supremo que podemos alcanzar durante nuestra vida. Puede que hayamos pensado que estos estados eran el monopolio de los santos, pero los experimentos de los científicos y místicos modernos confirman que una persona corriente también puede disfrutar de la conciencia espiritual y hay pasos sencillos para alcanzarla. Nos espera una alegría, felicidad y paz internas sin límites, cuando descubrimos la libertad, el regocijo y la maravilla de la iluminación que surge del logro de la conciencia espiritual.

¿Qué es la conciencia espiritual? Es volverse conscientes del alma y de Dios dentro de nosotros. La mayoría somos conscientes de nuestro cuerpo, de los pensamientos que pasan por nuestra mente y del mundo que nos rodea. A esto se le llama conciencia física o corporal. Pero nosotros somos más que el cuerpo y la mente. En realidad somos alma, una entidad consciente que habita el cuerpo. El alma es una parte del Alma Suprema, llamémosla Dios, el Creador, Alá, *Wah-i-Guru* o *Parmatma*. Es de la misma esencia de Dios. Es quien anima el cuerpo. Cuando el alma abandona el cuerpo en el momento de la muerte, el cuerpo muere. Pero el alma no, es inmortal. Así como la gente que sufrió una muerte clínica constató una existencia ininterrumpida fuera de su cuerpo, así cada uno de nosotros continuará existiendo aún después del fallecimiento de nuestra estructura mortal. Esta conciencia al nivel del alma, independiente del cuerpo y de la mente, es lo que denominamos la conciencia espiritual.

No tenemos que esperar hasta nuestro final físico para saber cómo se percibe la vida a nivel del alma. Es una experiencia que muchos han disfrutado durante su existencia y está disponible para todo ser humano. En las escrituras de varias religiones hemos leído acerca de personas que experimentaron la conciencia espiritual. Buda obtuvo la iluminación bajo el árbol *bodhi*. San Pablo dijo: "Y no vivo yo, sino es Cristo quien vive en mí". Baha'u'llah, el santo místico de Persia dijo: "¡Oh, Hijo del polvo! Escucha la voz mística llamándote desde el reino de lo Invisible... Levántate de tu prisión, asciende hacia las praderas gloriosas superiores, y desde tu jaula mortal emprende tu vuelo hacia el paraíso del Ilimitado".

Estas experiencias internas no se limitan a la gente de la antigüedad. En nuestra época, cualquiera que ambicione desarrollarlas puede hacerlo y verificar por sí mismo la realidad del alma. Los pasos hacia la conciencia espiritual son sencillos y pueden ser practicados por gente de todas las religiones, nacionalidades y condiciones de vida. El método se encuentra a disposición de todos aquellos que deseen descubrir el tesoro del alma y la conciencia, alegría, paz y bienaventuranza infinitas, latentes en nuestro interior.

El primer paso hacia la conciencia espiritual es aprender el arte de la meditación. El siguiente paso consiste en lograr la transformación personal para llevar una vida en el mundo que incremente nuestra conciencia espiritual. Esto involucra vivir la vida de tal manera que nuestra conciencia permanezca centrada en el alma mientras atendemos las responsabilidades y deberes del mundo. Significa que desarrollamos las cualidades espirituales, tales como la no violencia, la veracidad, la pureza, la humildad y el servicio desinteresado. Por último, la paz interna y la transformación personal conducen a la paz en el mundo. Al alcanzar la paz interna, podemos hacer una contribución positiva a la unidad humana, al amor universal y al mejoramiento de toda vida sobre este planeta.

El método de la meditación ha sido usado a través de las edades para identificarse de nuevo con el alma. Es un proceso de retirar nuestra atención del mundo externo y del cuerpo, para enfocarla en el portal que conduce a las dimensiones espirituales. Es nuestra alma la que puede lograr la entrada a este reino interno. Cuando nos identifiquemos con nuestra verdadera esencia, podremos atravesar los maravillosos reinos internos. Descubriremos la riqueza de las regiones espirituales, llenas de conocimiento, del que apenas puede soñar la ciencia moderna. La conciencia espiritual es en realidad la omniconciencia. Es el conocimiento de todo lo que puede ser conocido. Es como conectarse a una red maestra de computadores en la cual se encuentra programado todo el conocimiento. Por medio de la meditación logramos acceso a esta fuente infinita de sabiduría.

TRES

Meditación en la Luz y el Sonido internos

Si examinamos las ideas que ocupan los sueños imposibles de la humanidad hoy en día, lograremos un vislumbre de lo que puede ser posible mañana. Con la destreza tecnológica y científica que avanza a una velocidad vertiginosa, el futuro está más cerca de lo que creemos.

En su intento de explorar las más remotas distancias del espacio, la ciencia busca las respuestas al origen de la creación. En el proceso, los científicos inevitablemente han tenido que cruzar las fronteras de la ciencia y entrar a un reino antes reservado solo para los místicos, filósofos y santos iluminados. Han aceptado las limitaciones de los instrumentos científicos actuales para ayudarles a retroceder en el tiempo y comprender lo que sucedió antes de que la teórica Gran Explosión (*Big Bang*) pusiera en marcha nuestro universo. Muchos físicos se han dirigido a Oriente para explorar la posibilidad de reinos de existencia más allá del universo físico. Una mirada a la física de la Nueva Era revela una generación de científicos que están explorando la posibilidad de que, en efecto, haya universos que existen simultáneamente con el nuestro.

Mientras estas ideas pueden parecer muy exageradas para los extremadamente escépticos, aumenta el número de personas que han abierto sus mentes a la posibilidad de que sucedan más cosas en la creación de lo que podemos apreciar con nuestros ojos físicos.

La historia ha comprobado que el pensamiento visionario de los científicos y pensadores del pasado, de quienes se burlaron sus contemporáneos, se hizo realidad. Hace cientos de años, cuando Leonardo Da Vinci esbozó sus ideas sobre una máquina voladora, la gente pensó que no era más que un "vuelo de su imaginación". Cuando los magnates del cine de la primera mitad del siglo XX produjeron epopeyas de naves espaciales viajando a velocidades supersónicas, esto se calificó como ciencia ficción. Cuando los primeros soñadores diseñaron máquinas que podían "pensar" por los seres humanos, esto se consideró como visiones de un futuro que podrían ser o no posibles. Sin embargo, hoy vemos que los aviones, las naves espaciales y los computadores ya no son ciencia ficción, sino ciencia real.

La humanidad moderna en general ha aprendido la lección de que cualquier cosa es posible. Mientras la ciencia está develando qué es lo que sucede después de esta vida, también se investiga en otro campo científico que trata de descubrir si se pueden explorar regiones superiores de existencia durante esta vida. Por medio de la ciencia de la espiritualidad la gente está activamente dedicada a explorar otros reinos de existencia. Los instructores espirituales, santos y místicos han desarrollado una técnica por medio de la cual uno puede trascender las limitaciones físicas de este universo para descubrir reinos superiores de conciencia. Al mencionar estos reinos superiores de conciencia, no se refieren a estados de ondas cerebrales alfa, beta, gama o theta. No se refieren a estados alterados de conciencia que puedan ser inducidos por drogas que trastornan la mente. Se están refiriendo a lugares y regiones reales, a los cuales podemos viajar al trascender este plano físico restringido, mediante un proceso conocido como meditación en la Luz y el Sonido internos. Gracias a la meditación, uno puede explorar los planos superiores y verificar por sí mismo la verdad de su existencia. La meditación es el proceso por el cual retiramos nuestra atención del mundo externo y de nuestro cuerpo, y la concentramos en un punto ubicado en medio y detrás de las cejas. Al enfocar allí nuestra atención, entramos en contacto con una corriente de Luz y Sonido que nos conduce desde la conciencia física a una conciencia superior en el Más Allá.

≥▲

Luz y Sonido

Me gustaría compartir con ustedes lo que los grandes santos, místicos e instructores espirituales han dicho acerca de la Luz y el Sonido de Dios, de las regiones del más allá y luego describir el método de meditación que ellos utilizaron para viajar allí. Esta ciencia espiritual no es nueva; ha estado en el núcleo de toda religión. Se pueden encontrar referencias de la Luz y del Sonido, y de los reinos del Más Allá en las escrituras de las principales religiones.

En el sijismo Gurú Nanak declara:

> Todo el conocimiento y la meditación brotan del *Dhun* [el principio de Luz y Sonido],
> Pero lo que Esto es, escapa a cualquier definición.

El místico sufí, Maulana Rumi, ha dicho:

> Elevándote sobre el horizonte,
>   escucha la Melodía Divina.
> El Profeta le prestaría tanta atención a Ella
>   como a cualquier trabajo.

Shah Niaz, un místico musulmán, dice:

> Oh Dios, condúceme al lugar desde donde fluye
> el indescriptible *Kalma* sin palabras.

Hay dos aspectos en toda religión: el exotérico o las enseñanzas externas, y el esotérico o las enseñanzas internas. El aspecto esotérico trata con la exploración del Más Allá. Los santos y fundadores de las diferentes religiones viajaron a los reinos más elevados y enseñaron a sus seguidores el método de ir internamente. Con el tiempo las enseñanzas internas, generalmente transmitidas verbalmente del maestro al estudiante, se han perdido. Solo subsisten las enseñanzas externas, que contienen tan solo referencias alegóricas del aspecto interno. A través de las épocas, siempre han existido almas iluminadas que han revivido e impartido las enseñanzas esotéricas. Cada una de ellas han descrito la jornada interna. Si bien difieren en el lenguaje que hablaron, las experiencias descritas son idénticas.

Gurú Arjan Dev ha dicho:

> La Omnipermeante Música resuena por doquier.
> En el corazón de todo, fluye la Música Divina.

San Juan expresa:

> La luz resplandece en las tinieblas, y las tinieblas
> no la vencieron.

En el Antiguo Testamento se dice:

> Tu palabra es una lámpara para mis pasos, y una luz en
> mi camino.

Kabir manifestó:

> La melodiosa trompeta de Tu portal,
> Resuena en medio de mi frente.

Mahoma afirmó:

> La Voz de Dios llega a mis oídos como cualquier otro
> sonido.

Gurú Nanak declaró:

> La Luz Celestial está en el interior y de Ella procede
> el *Bani* o Sonido,
> Y Ella sintoniza al alma con el verdadero Señor.

Esta Luz y Sonido es la vibración creadora que emanó de Dios y dio origen a toda la creación. Las religiones se han referido a ella por diferentes nombres. En las antiguas escrituras hindúes se denomina *Nad, Udgit, Anhad Shabd o Jyoti y Sruti*. En el *Hansa Naad Upanishad* está escrito:

> La meditación en el *Nad* o Principio de Sonido es
> el camino imperial hacia la salvación.

Los budistas la denominan la Luz Sonora. En el *Libro tibetano de los muertos* (*Bardo Thodol*), editado por el Dr. W. Y. Evans Wentz (Londres, 1957), está escrito:

> Oh noble de nacimiento, cuando tu cuerpo y mente se
> separaban, debiste haber experimentado un vislumbre de
> la Verdad Pura, sutil, luminosa, brillante, deslumbrante,
> gloriosa y radiante en su majestad, parecida a un espejismo
> móvil en un paisaje de primavera, en una corriente
> continua de vibraciones. Por lo tanto, no te sientas
> intimidado, aterrorizado ni atemorizado. Aquella es el
> esplendor de tu verdadera naturaleza. Reconócelo. Del
> medio de ese esplendor, vendrá el sonido natural de la
> Realidad, retumbando como miles de truenos que suenan
> al mismo tiempo. Ese es el sonido natural de tu verdadero
> ser. Por lo tanto, no te sientas intimidado, aterrorizado ni
> atemorizado.

Los filósofos griegos lo denominaron *Logos* o la Música de las Esferas. En la Biblia lo mencionan como el Verbo: "En el principio existía el Verbo y el Verbo estaba con Dios, y el Verbo era Dios" (Juan 1:1). En los salmos está escrito: "La palabra del Señor hizo el cielo, y el aliento de Su boca, los ejércitos celestiales... porque Él lo dijo, y el mundo existió, Él dio una orden, y todo subsiste" (Salmo 33:6, 9). Los musulmanes se refieren a Él como *Kalma*. Hazrat Bahu ha dicho:

> Todos repiten el *Kalma* verbalmente,
> Un alma excepcional puede hacerlo con
>   la lengua del pensamiento.
> Quien comulgue con Él en su mente,
>   difícilmente lo puede describir en palabras.

Los sufíes lo denominan *Baang-e-Asmani*, *Baang-e-Ilahi* o *Saut-e-Sarmadi*. Los zoroastrianos lo llaman *Sraosha* o el Verbo Creador: "Yo invoco el *Sraosha* divino, que es el más extraordinario de todos los dones celestiales para el amparo espiritual".

Los sijs lo denominan *Naam* o *Shabd*. En el Jap Ji se dice:

> Hay una Realidad, el Inmanifestado Manifestado;
> Sempiterno, Él es *Naam* [Espíritu Consciente];
> El Creador Omnipermeante;
> Sin temor, sin enemistad; el Eterno, el No Nacido y
>   el Autoexistente, completo en Sí Mismo.

La Luz y el Sonido son el poder creador que originó las diferentes regiones existentes. Creó el universo físico, la tierra, los seres humanos y las demás formas de vida. Este Poder de Dios que fluye de Él, también retorna a Él. Cuando el alma se retira al punto conocido como el asiento del alma, puede entonces viajar en la Luz y el Sonido a través de los planos superiores y regresar a su Fuente, en el reino puramente espiritual. El proceso por el cual el alma es puesta en contacto con la corriente de Luz y Sonido que resuena dentro de nosotros, se denomina meditación.

Contacto con la Luz por medio de la atención

Debido al manejo de nuestra atención, no somos conscientes de la Luz y el Sonido internos. La expresión externa del alma se conoce como atención. Actualmente, la atención se encuentra dispersa por todo el cuerpo y sale de él hacia el mundo a través de los cinco sentidos: la vista, el oído, el olfato, el gusto y el tacto. Tenemos que retirar nuestra atención del mundo externo y recogerla en el asiento del alma, ubicado en medio y detrás de las cejas. Las diferentes escrituras se refieren a este punto como el ojo único, el tercer ojo, la décima puerta o *daswan dwar*, el *divya chakshu* o el *ajna chakra*. La meditación sencillamente consiste en retirar nuestra atención del mundo externo y enfocarla en el tercer ojo. Este es el sitio en el cual concentramos la atención con el fin de ver la Luz interna y escuchar el Sonido Celestial.

Algunas formas de yoga trabajan con el control de las funciones corporales. Fluyendo a través de nuestro cuerpo tenemos dos corrientes: las motoras y las sensoriales. La corriente motora nos mantiene vivos, controlando nuestras funciones corporales involuntarias, tales como el crecimiento de las uñas y del cabello, la respiración y la circulación sanguínea. En la meditación en la Luz y el Sonido internos, no se practica el control de estas corrientes para trascender el cuerpo. A las corrientes motoras se las deja funcionar por sí solas, para no interferir con el proceso por el cual sobrevivimos en este mundo. En lugar de esto, retiramos las corrientes sensoriales que son las que nos producen las sensaciones en el cuerpo y nos hacen conscientes del sentido de la vista, el oído, el olfato, el gusto y el tacto. Es por medio de los sentidos que disfrutamos viendo paisajes hermosos, escuchando sonidos agradables, oliendo dulces fragancias, degustando alimentos deliciosos y teniendo sensaciones placenteras por medio del tacto. Si retiramos nuestras corrientes sensoriales del mundo y las centramos en el foco del ojo, podremos ver y escuchar con el ojo y el oído internos, y viajar a los reinos internos.

Este es el mismo proceso que sufrimos en el momento de la muerte. Cuando alguien muere, primero se adormecen sus pies. Luego, el adormecimiento prosigue por las piernas y el tronco. Por último su alma se recoge en el foco del ojo. En ese momento los globos oculares se voltean hacia arriba y luego descienden. Así el alma se recoge y abandona el cuerpo. En la meditación en la Luz y el Sonido internos, el punto que se utiliza para la concentración es el tercer ojo, por ser este el *chakra* superior en el cuerpo. Este es el sitio desde donde el alma abandona el cuerpo a la hora de la muerte.

Hay seis *chakras* o centros en el cuerpo. Tenemos el *guda chakra*, localizado en la base de la columna vertebral o el recto. El *indri chakra*, ubicado cerca de los órganos reproductivos. El *nabhi chakra*, próximo al ombligo. El *hriday chakra* que se encuentra cerca del corazón. El *kanth chakra*, junto a la garganta. El *ajna* o *aggya chakra*, conocido como el tercer ojo o la décima puerta, localizado en medio y detrás de las cejas. Como el alma tiene que pasar a través de todos estos *chakras* para abandonar el cuerpo en la meditación, necesitamos concentrarnos en el punto más alto, el último *chakra* por donde tiene que pasar el alma antes de dejar el cuerpo. Si la vida es tan corta y tan solo nos queda una cantidad limitada de tiempo, por qué malgastarlo tratando de llegar a los demás *chakras* inferiores, para luego tener que ascender de uno en uno, cuando en ese mismo tiempo podemos ir directamente al punto más alto. Por lo tanto, debemos iniciar nuestra concentración en ese punto superior, para que podamos llegar más rápidamente a la meta.

La meditación es en realidad un proceso de concentración. No necesita de ninguna *asana* o postura difícil, ni de ninguna actividad física rigurosa. Es tan simple y natural que lo puede practicar un niño pequeño, un anciano o alguien que sufra de algún impedimento físico. Todo ser humano puede tener acceso a los reinos internos por medio de este proceso sencillo de la meditación.

Nota para el lector: en cada uno de los capítulos siguientes hay ejercicios, para ayudarnos a aplicar en nuestra vida diaria los conceptos que se presentan a lo largo del libro.

✦

EJERCICIO

Siéntese quieto y observe su atención. ¿Está usted consciente de su cuerpo y de sus sensaciones? ¿Está consciente de su medio ambiente? ¿Está consciente de otras personas? ¿Está consciente de sus pensamientos? Comprenda que la conciencia de su cuerpo, de su medio ambiente y sus pensamientos se denomina "conciencia corporal".

Ahora, de nuevo siéntese quieto y enfoque su atención en el tercer ojo u ojo único. Trate de permanecer enfocado allí sin estar consciente de su cuerpo, de su medio ambiente ni de sus pensamientos. Vea por cuánto tiempo puede mantener su mente libre de pensamientos perturbadores. Este es el primer paso en la meditación o concentración. Es el comienzo del retiro de su atención del mundo hasta el punto inmóvil del tercer ojo. En el capítulo siguiente aprenderá la práctica de la meditación.

CUATRO

Instrucciones para la meditación

✍

*Primer paso: encontrar el tiempo y el lugar para la
meditación*

Es preferible encontrar una hora y un sitio en los cuales tengamos las mínimas distracciones a nuestro alrededor. Debemos escoger un momento y un espacio donde no seamos perturbados con llamadas telefónicas y en el que haya quietud en el ambiente. Por esto se recomienda el horario entre las tres y las seis de la madrugada. Este se llama en la India *amrit vela* o *Brahm mahulab* porque es el tiempo más tranquilo del día. Pero hoy en día eso no es necesario. Podemos meditar a cualquier hora en la que no seamos perturbados. A medida que desarrollamos nuestra concentración, debemos ser capaces de hacerlo incluso en un ambiente ruidoso. Pero para ayudarnos al principio, sin duda es preferible sentarnos en un lugar donde no haya ningún ruido, ni timbre de teléfonos ni ninguna actividad exterior. Una vez que hayamos perfeccionado nuestros viajes internos, entonces estaremos en capacidad de meditar donde queramos. Al principio, sin embargo, definitivamente nos ayuda un ambiente favorable para sentarnos en meditación.

Debemos sentarnos a meditar sólo en los momentos que estemos bien despiertos. Si tratamos de hacerlo al regresar cansados del trabajo, existe la posibilidad de quedarnos dormidos en este proceso. Por eso tenemos que encontrar la hora más conveniente para nosotros, durante la cual estemos bien despiertos y descansados.

Lo importante es que podamos meditar cuando encontramos el tiempo y el lugar apropiados.

෴

Segundo paso: seleccionar una postura

Debemos sentarnos en la postura más conveniente para nosotros. Podemos hacerlo en cualquier lugar de la casa. No tenemos que salir de ella para meditar. La meditación se puede practicar en cualquier sitio. Podemos sentarnos en una silla, en el piso, en un sofá; con las piernas cruzadas o estiradas. Podemos sentarnos de cualquier manera. Incluso podemos practicarla parados o acostados. Lo importante es meditar donde nos sintamos cómodos. Lo único que se espera de nosotros es que la postura adoptada, cualquiera que sea, nos permita permanecer inmóviles durante el mayor tiempo posible. Antes de aquietar la mente, debemos aquietar el cuerpo. Queremos estar seguros de que en cualquier postura que seleccionemos, vamos a permanecer inmóviles, sin sacudirnos o rascarnos. Para aquellos que son incapaces de sentarse físicamente, pueden incluso acostarse. La razón por la que no se recomienda esta posición es porque conduce al sueño.

En cualquier postura escogida, no debe haber tensión en ninguna parte del cuerpo. Debemos sentarnos en una posición relajada. Una vez escogida, no debemos cambiarla durante la sesión de meditación. Debemos permanecer físicamente inmóviles.

ॐ

Tercer paso: concentrarse

Una vez que hemos escogido la postura, debemos cerrar nuestros ojos muy suavemente, tal como lo hacemos cuando vamos a dormir, y concentrarnos en ver lo que está al frente. No debe haber presión sobre los ojos. Deben estar tan relajados como cuando dormimos. Como con estos ojos físicos no veremos los planos internos, entonces no hay necesidad de voltearlos hacia arriba con la esperanza de ver algo allí. No debemos concentrarlos en la frente, sino mantenerlos en posición horizontal, como si estuviéramos mirando justo al frente.

Si los ojos miran o se voltean hacia arriba, sentiremos una pequeña presión en la frente, lo cual puede terminar en dos problemas. Puede darnos dolor de cabeza o generar calor en esa área y nuestra frente se recalentará. Eso nos creará problemas como movernos o levantarnos y hacer algo para refrescarnos. Eso interrumpirá nuestra meditación. Por lo tanto, necesitamos enfocar la atención entre veinte y veinticinco centímetros al frente de nosotros.

Cuando cerremos los ojos primero veremos oscuridad. Aquello que ve la oscuridad es nuestro ojo interno. Con el ojo interno debemos mirar amorosa, dulce y penetrantemente en lo que esté frente a nosotros. Debemos estar relajados pero atentos, como si estuviéramos mirando una pantalla de cine esperando que empiece la película. Este es un proceso en el que no nos preocupamos del mundo externo ni de lo que sucede en nuestro cuerpo. Solo estamos tratando de invertirnos para alcanzar los mundos internos.

ॐ

Cuarto paso: silenciar el pensamiento

Una vez que cerremos los ojos y enfoquemos la atención frente a nosotros, la mente distraerá nuestra concentración con pensamientos. Ella es como el mercurio, siempre inquieta y moviéndose de aquí para allá. Empezaremos a reflexionar sobre todos nuestros problemas. Pensaremos en el pasado, pensaremos en el presente y pensaremos en el futuro. Podría traernos pensamientos acerca del trabajo, de la familia o de los amigos. La mente tiene innumerables maneras para tratar de distraernos de nuestras meditaciones y alejarnos del conocimiento de nuestra alma y de Dios.

En nuestro cuerpo tenemos nuestra alma y nuestra mente. La mente es una entidad poderosa cuyo objetivo principal es mantener al alma en el cuerpo para que no alcance los reinos internos. Buscará mantener enredada nuestra atención en el mundo físico. Hará lo posible para impedir que nos elevemos sobre el cuerpo físico y regresemos a Dios. La mente nos mantendrá pensando constantemente en nuestros problemas del trabajo o del hogar. Nos ocupará en hacer continuamente planes para el futuro. Necesitamos comprender que el alma es nuestro verdadero ser. Es la parte de nosotros que es de la misma esencia de Dios. Infortunadamente hemos sido separados de Él. Si pudiéramos darnos cuenta de que nuestra alma está cubierta por la mente y el cuerpo, y comprender que el papel de la mente es impedir que conozcamos nuestra alma, podremos aquietar nuestra mente de una mejor manera.

Para la concentración perfecta, tenemos que lograr un estado en el cual no haya pensamientos. Si tenemos cualquier pensamiento, bueno o malo, será perjudicial para nuestra meditación. Los pensamientos son como cadenas. Las cadenas de hierro son nuestros pensamientos malos. Pero aún cuando los pensamientos buenos son cadenas de oro, siguen siendo cadenas. Por lo tanto, los pensamientos buenos son todavía distracciones y no nos ayudarán en el proceso de la meditación.

Para ayudarnos a fijar nuestra atención en el foco del ojo y aquietar la mente, debemos repetir cualquiera de los nombres de Dios con el que nos sintamos a gusto. La mente es una gran distracción y tratará de impedir la concentración de nuestra atención en el asiento del alma. Sin embargo, si la ocupamos en la repetición de estos nombres, no puede distraer la concentración con pensamientos. Mientras miramos en medio de lo que está frente a nosotros, repetimos los nombres. Estos deben repetirse mentalmente, con la lengua del pensamiento y no en voz alta. Deben repetirse despacio, a intervalos, no en una sucesión rápida. Debe haber una ligera pausa entre cada nombre.

ॐ

Quinto paso: concentrarse en la *Luz* y el *Sonido* internos

Necesitamos hacer que la Luz se realice dentro de nosotros. Es como tener una bombilla de luz. Si uno pone cuatro o cinco envolturas sobre ella, muy pronto dejaremos de ver su luz. Así que por el proceso de la concentración, por el proceso de la meditación, tratamos de quitar estas envolturas una por una. Intentamos ir internamente para poder ver la Luz dentro de nosotros. Una vez que observamos cuánta iluminación hay en el interior, automáticamente desearemos ver más y más. Desearemos permanecer en ese estado todo el tiempo. De igual manera, mientras no probemos alguna vez la bienaventuranza de contactar la Luz interna, no podremos apreciarla. Pero una vez que alcanzamos lo interno, ansiamos tener ese deleite una y otra vez.

Hay dos prácticas de meditación. La primera es la concentración en la Luz interna. Durante ésta se realiza la repetición de los nombres. A esta repetición se le denomina *simran*. Mientras la repetición se hace mentalmente, fijamos la mirada en el campo de oscuridad que se encuentra frente a nosotros. No debemos pensar acerca del mundo externo, ni en el cuerpo, ni en el proceso de retiro de las corrientes sensoriales del cuerpo. No debemos poner la atención en nuestra respiración. Esta debe seguir su curso normal, como cuando leemos, estudiamos, trabajamos o nos trasladamos. Cuando nos movemos en nuestra vida diaria no estamos pensando en nuestra respiración. De la misma forma, en la meditación debe continuar de manera automática.

Nuestro trabajo es sentarnos calmada y silenciosamente, y en forma amorosa mirar en medio de la oscuridad que yace frente a nosotros. Cuando lo hacemos así, la atención empieza a recogerse por sí sola en el ojo único. No requiere esfuerzo. En realidad, cualquier esfuerzo que hagamos, cualquier pensamiento que tengamos de querer retirarnos, solo interferirá en el proceso, porque esto resulta en la reactivación del pensamiento. Solo debemos continuar repitiendo los nombres y mirando fijamente.

Hay panoramas tras panoramas de las visiones en el interior. A medida que se retiran las corrientes sensoriales, olvidamos nuestro cuerpo. Cuando estamos completamente centrados en el foco del ojo, nos absorbemos más en el campo que se encuentra frente a nosotros. Comenzaremos a ver destellos de luz o luces de diversos colores. Debemos continuar mirando con completa atención lo que haya frente a nosotros, mirar con intensidad y penetrar profundamente para descubrir lo que está allí. Nuestra tarea consiste en mirar amorosa y penetrantemente en lo que esté delante de nosotros, sin preocuparnos por nada más en el cuerpo. Debemos enfocarnos por completo en lo que aparezca ante nosotros. Luego, cuando nos concentremos más y más, estas luces se estabilizarán y podremos ver luces rojas, blancas, verdes, azules, violetas, púrpuras, amarillas, anaranjadas o doradas o destellos de luz. Debemos concentrarnos en medio de cualquier cosa que veamos.

Cuando meditemos más, cuando nuestra atención se enfoque mejor y progresemos, podremos ver escenas internas. Podremos ver las estrellas, la luna y el sol internos. A medida que miremos con mayor concentración en medio de lo que aparezca, el poder de Dios nos guiará más allá de lo físico hacia los planos superiores.

La segunda práctica de meditación es escuchar el Sonido interno. Concentramos nuestra atención en el asiento del alma y escuchamos la Corriente del Sonido interno. Este Sonido es el poder de Dios, el Verbo sagrado o *Naam*, que dio origen a toda la creación. El alma es de la misma esencia de Dios y de la Corriente del Sonido. Por lo tanto, cuando escucha la Melodía divina es magnetizada por ella. El alma entonces puede viajar sobre la Corriente del Sonido a través de las regiones superiores.

Sexto paso: el viaje a las regiones superiores

A medida que nos absorbemos más en la Luz y el Sonido internos que vemos y escuchamos en nuestras meditaciones, trascendemos el plano físico y entramos en la región astral. Dejamos atrás el mundo físico, hecho predominantemente de materia y encontramos un reino de conciencia superior. Aquí viajamos con una cobertura conocida como el cuerpo astral. Este es un cuerpo etéreo. La región astral está llena de belleza y de Luz y Sonido maravillosos.

Cuando trascendemos la región astral, entramos en la región causal. Esta es una región aún más etérea. Consta de partes iguales de materia y de conciencia. En esta región, descartamos nuestro cuerpo astral y viajamos en el cuerpo causal.

Yendo aún más adelante, entramos en la región supracausal. En cada región se encuentran más y más Luz y Sonidos Celestiales y bienaventuranza más elevados. La región supracausal tiene más conciencia y solo una pequeña cantidad de ilusión. En esta región, dejamos atrás el cuerpo causal y nuestra alma queda cubierta solamente por un fino revestimiento. En este estado nos reconocemos como almas. Encontramos que el alma es tan brillante como doce soles externos. Es un estado donde logramos la realización de "*sohang*", o "yo soy Aquello" o *Aham Brahm Asmi*. Nos damos cuenta que somos de la misma esencia del Creador. Finalmente, llegamos a la región desde donde emanó el Poder de Dios, la región espiritual conocida como *Sach Khand, Maqam-i-Haq* o Reino de la Verdad. Esta es la región puramente espiritual de Luz y bienaventuranza total, en la que se descartan todas las coberturas que rodean al alma. Ni siquiera hay una partícula de materia en esta región. Aquí nuestra alma se sumerge en el océano de conciencia absoluta, el Alma Suprema, la Fuente de donde vino. La gota de agua se sumerge en el Océano y se convierte en el Océano. El rayo de luz se sumerge en el Sol y se convierte en el Sol.

En cada etapa del viaje experimentamos ondas de bienaventuranza espiritual cada vez más grandes que impregnan el alma. Una por una, las coberturas de nuestra alma son removidas hasta que retornamos a nuestro estado original. En cada región creemos que hemos llegado al estado supremo de arrobamiento, solo para descubrir que la fase siguiente nos llena de un éxtasis aún mayor. La bienaventuranza suprema es cuando nuestra alma se funde de nuevo en Dios, su Creador. Este es el estado que todos necesitamos lograr para realizar la paz y la felicidad eternas. Esta fusión de nuestra alma con el Creador nos trae una alegría y felicidad que perduran para siempre.

A través del logro de estos estados superiores internos de bienaventuranza, llevamos con nosotros un don divino que nos ayuda a través de todos los problemas en la vida. Podemos recurrir a esta fuente de divinidad cuando queramos. La bienaventuranza y felicidad que experimentamos en la meditación permanece con nosotros aún después de abandonar la meditación. Es una fuente de amor y paz a la que nos podemos conectar cuando queramos. La experiencia es tan poderosa y profundamente estimulante, que nos ayuda a trascender las penas y tristezas de la vida. No importa lo que nos suceda en la vida, tenemos un manantial de néctar dentro de nosotros del que podemos beber en cualquier momento. Este es el don que podemos lograr por medio de la meditación.

☸

EJERCICIO

Vuelva a leer el capítulo para comprender la técnica de la meditación. Busque un sitio callado y cómodo, y realice la práctica. Comience con quince minutos y con el tiempo, aumente a treinta diarios. A medida que se vuelva más experto, extienda el período de meditación a una o dos horas. Mantenga un diario de lo que experimente.

CINCO

La verdadera felicidad nos espera en nuestro interior

La historia nos cuenta acerca del gran príncipe Siddharta, a quien ahora conocemos como el Buda, el Iluminado. Él tenía todo lo que se puede desear en esta vida: era un príncipe, vivía en un palacio real, tenía gran riqueza, una maravillosa esposa y un hijo. Su padre, tratando de impedir una profecía que decía que su hijo dejaría el reino por una vida espiritual, le mantuvo resguardado en el palacio para que finalmente se convirtiera en rey. Pero un día, el príncipe Siddharta se las ingenió para aventurarse por fuera de las paredes protectoras del palacio. Quedó impresionado por lo que vio. Su padre le había ocultado que la gente se enfermaba, envejecía y moría. Su viaje a través del reino le reveló los horrores de la vida. Por primera vez vio gente que sufría a causa de la enfermedad y la vejez, y luego eventualmente morían. Vio entonces que toda la vida es sufrimiento y que todos los deseos mundanos conducen al dolor y la infelicidad. Esta revelación le inició en la búsqueda de una paz y felicidad que no fueran transitorias, sino eternas.

¿&

La búsqueda de la felicidad en el mundo

Hoy en día todos buscamos la paz y la felicidad. Esta búsqueda es universal. Después de todo, ¡nadie aspira a ser infeliz! La gente trata de encontrar regocijo de numerosas maneras. Algunos lo buscan en la riqueza y las posesiones. Otros tratan de encontrarlo en el nombre y la fama. Algunos lo buscan en las relaciones mundanas. Muchos se dedican a las diversiones como ir al cine, escuchar música, asistir a presentaciones culturales, mirar televisión y entregarse a los placeres sensuales. Hay otros que disfrutan viendo o participando en deportes. Aún más, hay personas que buscan estimularse con las drogas y el alcohol.

Si analizamos todos estos propósitos, encontramos que no proporcionan la felicidad que prometen. Podemos derivar felicidad de ellos por algún tiempo, pero la pérdida de alguna de nuestras posesiones o relaciones nos causa un dolor y un sufrimiento incalculables. Si se nos daña el automóvil, lamentamos nuestra suerte. Si se nos incendia la casa, sentimos como si hubiéramos perdido todo lo importante de la vida. Si somos millonarios y de repente quedamos en la ruina, nos desanimamos tanto que hasta contemplamos el suicidio. Si nos enfermamos y no podemos hacer lo que normalmente hacíamos, nos sentimos frustrados e infelices. Si perdemos nuestros trabajos, caemos en la depresión. Y si uno de nuestros seres queridos fallece, nos sumergimos en la tristeza. La felicidad que experimentamos mientras teníamos dinero, pertenencias y seres queridos, se convierte en profunda miseria por su pérdida. En algún momento de nuestra vida, descubrimos que la felicidad en el mundo exterior es una ilusión transitoria.

Todo en este mundo tiene que perecer. Finalmente, nosotros también tenemos que encarar nuestro final físico y dejar atrás todo lo que hemos apreciado.

Esta persecución continua de la felicidad externa es obstruida por numerosos contratiempos. Aún los medios que usamos para lograr nuestros objetivos nos crean mucha tortura y sufrimiento. Cada vez que le apuntemos a una meta tratarán de bloquearnos los cinco jugadores de la ira, la lujuria, la codicia, el apego y el ego. Estas cinco pasiones juegan su parte enturbiando nuestro regocijo con numerosas tristezas. Por ejemplo, si estamos tratando de conseguir algo, ya sea comprar una casa o llegar a la posición más alta de nuestra compañía, nos veremos acosados por diferentes dificultades debido a estas cinco pasiones. La ira nos domina cuando alguien se atraviesa en el camino para lograr nuestro fin. Nos enojamos e irritamos con quien ponga obstáculos en nuestro camino o no nos coopere para obtener lo que queremos. La lujuria se manifiesta como un intenso deseo por conseguir lo que deseamos. Algunas veces incluso domina nuestra capacidad de razonamiento. Nos sentimos arrastrados para lograr la meta aún a expensas de otros factores. La codicia también levanta su repugnante cabeza. Si tenemos dinero suficiente para un auto modesto, nos volvemos codiciosos y queremos hacer una compra más extravagante, aún sin poder costearla. Comenzamos sacrificando el dinero que ahorramos para la educación de nuestros hijos. Nos obsesionamos tanto con la idea de conseguir el dinero para satisfacer nuestra codicia, que algunos recurren aún a medios deshonestos para conseguirlo. Luego, nos domina el apego. Le damos al objeto deseado la máxima prioridad. Si es una posesión, dedicamos toda nuestra atención a gastar dinero en ella, aún a costa de las demás necesidades de la vida. Si nos apegamos a un mueble, nos volvemos fanáticos, y aún si nuestro pequeño hijo le hace un rasguño, estamos dispuestos a herir sus delicados sentimientos para proteger la belleza inerte e insensible del objeto. Finalmente, el ego entra en escena. Nos sentimos muy orgullosos de nuestras posesiones. Alardeamos de ellas con todos los que nos pueden oír. Sentimos que hemos logrado una gran realización con su compra. Miramos con desprecio a los demás y criticamos a los que tienen posesiones más modestas.

Al lograr metas tales como comprar una casa, un bote, un avión o cualquier otro artículo ¿hemos encontrado realmente la felicidad? En el proceso puede que hayamos arruinado nuestras relaciones familiares, que hayamos sido atormentados por obstáculos que se puedan haber presentado en el camino y hayamos sacrificado nuestros principios éticos.

Lo mismo nos sucede con nuestras relaciones mundanas. Cuando somos adultos jóvenes posiblemente deseemos tener un compañero para casarnos. Una vez que colocamos nuestra atención en alguien, nos enfadamos si otro se interpone en el camino de acercamiento a esa persona. Construimos la imagen de una relación perfecta y hasta nos podemos enojar con quien amamos si él o ella no cumple con nuestras expectativas. Puede que padezcamos de lujuria y codicia en nuestra relación con nuestro amado. Entonces desarrollamos un apego que puede ser tan fuerte que nos volvamos posesivos y celosos si el amado no nos presta toda su atención en todo momento de nuestra vida. El ego ocasiona luchas de poder en una relación. Estas cinco pasiones resultan en discusiones y peleas, y con el tiempo la relación llega a deteriorarse. Estos problemas los encontramos en cualquier relación entre dos personas. Lo que empezó como una atracción y un amor profundo puede degenerarse con los años debido a la ira, la lujuria, la codicia, el apego y el ego. Por lo tanto, la promesa de una felicidad matrimonial puede ser incapaz de resistir las fuerzas negativas del mundo.

Habiendo logrado el propósito de nuestro deseo, estamos constantemente en guardia para protegerlo. Al buscar la felicidad amasando riquezas, no estamos libres de altibajos. La bolsa de valores sube y baja. La economía se mueve de la inflación a la recesión y a la depresión. Algunas veces conseguimos un buen trabajo y otras veces nos suspenden o nos despiden. Las posesiones están sujetas a robo, a pérdida por incendio, huracanes, inundaciones o erupciones volcánicas. El fuego, el aire, el agua o la tierra pueden llevarse nuestras posesiones. Y si nos ocurre una catástrofe así, sufrimos la pérdida del objeto como si una parte de nosotros mismos fuera destruida. Puede que encontremos deleite en nuestras relaciones, pero tarde o temprano tendremos que experimentar su pérdida inevitable a través de la muerte. Por lo tanto, el objeto o la persona que debiera habernos proporcionado la felicidad, nos ocasiona dolor con su pérdida.

Así es la vida. Observando las realidades de la vida, empezamos a preguntarnos si existe alguna esperanza de encontrar la verdadera felicidad en el mundo. Y si existe, entonces ¿cómo podemos encontrarla?

≥●

Cómo encontrar la felicidad perdurable

Primero, tenemos que analizar qué es la felicidad. Puede definirse como un estado de regocijo, de paz y de amor. Otros la ven como una ausencia de tristeza, dolor y sufrimiento. Si miramos las diversas maneras como la gente trata de obtener felicidad, nos daremos cuenta de que todas las cosas de la vida que nos proporcionan alegría, tienen dentro de ellas un sufrimiento potencial. Cuando se acaban las alegrías mundanas, padecemos dolor y tormento.

A lo largo de los tiempos, los grandes maestros, sabios, santos y filósofos del mundo han estado diciéndonos que la verdadera felicidad sí existe. Pero ésta no se encuentra en ningún objeto de este mundo. Solamente se puede encontrar internamente. Si la buscamos en el mundo externo, nos desilusionaremos continuamente. Si buscamos la perfección en este mundo, no la encontraremos. Todo diamante tiene un defecto, toda belleza una mancha. Por eso vemos personas que después de lograr el objeto de sus deseos, pasan a tener nuevos deseos. Compramos un objeto o aparato y pronto queremos otro. En muchos países la gente se casa una, dos, tres e incluso más veces. Pasamos de una actividad a otra pensando que ella nos va a traer la realización que anhelamos. Mientras estemos enredados con las llamativas joyas del mundo exterior, continuaremos en esta rueda de decepción. Hemos olvidado que la verdadera joya nos espera en el interior. La verdadera felicidad no se encuentra en lo externo; la verdadera felicidad se encuentra en lo interno.

Existe solo una fuente de felicidad duradera que no es destruida por el viento, el fuego, el agua o la tierra. No nos la pueden quitar ni en esta vida ni en el momento de la muerte. La única felicidad permanente es Dios. Algunos místicos de Oriente se refieren a Dios como *sat-chit-ananda*. Estas palabras se traducen respectivamente como "verdad, conciencia y bienaventuranza". La mayoría de nosotros relacionamos a Dios con la verdad eterna. Y también pensamos en el Creador divino como omnisciente, omnisapiente y omnipotente. Pero en Occidente rara vez pensamos en Él como bienaventuranza divina. Sin embargo, cuando describen sus experiencias de Dios, los místicos de todas las religiones hacen alusión a este mismo aspecto. Más que la experiencia de sabiduría divina, ellos se consumen en el éxtasis trascendental que experimentan cuando sus almas se funden en el Creador. En el cristianismo encontramos que los escritos de Santa Teresa de Ávila o de San Juan de la Cruz abundan en referencias sobre el éxtasis y el arrobamiento divinos. Los místicos musulmanes y sufíes expresan repetidamente en su poesía la bienaventuranza de la unión del alma con Dios. Esta experiencia de felicidad inefable no está confinada solamente a los santos y místicos del pasado.

Lo que ellos probaron, nosotros también podemos saborearlo. El secreto es encontrar la dulzura dentro de nosotros.

Mientras busquemos la felicidad en el mundo, nos decepcionaremos, porque toda la materia está sujeta a la decadencia y a la destrucción. Sólo Dios es permanente. Todas las escrituras nos dicen que Dios está dentro de nosotros. La pregunta es cómo encontrarlo.

Los santos y los místicos han podido realizar a Dios dentro de sí mismos y han compartido su conocimiento con la humanidad. Nos describen lo que es Dios y cómo podemos contactarle. Nos dicen que Dios es un océano de Luz, amor y conciencia absolutos. Él es el alfa y omega de toda la existencia. Él no fue creado ni puede ser destruido. Él es todo lo que es.

El alma es una gota de Su esencia. Por lo tanto, la naturaleza verdadera del alma también es *sat-chit-ananda*, "verdad, conciencia y bienaventuranza". Cada uno de nosotros es en verdad una gota de esta conciencia bienaventurada. Es solo cuando nos identificamos con nuestro verdadero ser, que nos convertimos en gotas móviles de bienaventuranza sobre la tierra. Ahora vamos por el desierto de la tierra muriéndonos cada vez más de sed mientras buscamos el océano. Tenemos que darnos cuenta que dentro de nosotros se encuentra un manantial de agua refrescante. Si podemos identificarnos con nuestra verdadera esencia, empezaremos a vivir un estado sublime de felicidad.

¿♣

La ignorancia no es la madre de la felicidad

Con todo este éxtasis dentro de nosotros, ¿cómo es posible que tanta gente se sienta infeliz, deprimida y miserable? Se dice que la ignorancia es la madre de la felicidad. Pero en este caso, no lo es. No somos conscientes de que nuestra verdadera esencia se encuentra profundamente escondida dentro de nosotros. Está aprisionada por nuestra mente, nuestro cuerpo y el mundo.

Para entender la causa de nuestra ignorancia, podemos referirnos a las enseñanzas de los místicos y santos iluminados, cuyas palabras han sido conservadas en las diferentes escrituras. Ellos explican que al comienzo el océano de verdad, conciencia y bienaventuranza, que llamamos Dios, dio origen a la creación y separó partes de Sí Mismo, denominadas almas. Estas almas fueron enviadas a habitar las diferentes regiones de la creación. Estas gotas llevaban la esencia de Dios. Cuando entraron en el mundo físico, tomaron un cuerpo y una mente. Como el alma es espíritu, necesita un cuerpo y una mente físicos con los cuales operar y comunicarse en el mundo físico. La idea era que el alma fuera la fuerza controladora de la mente y el cuerpo. Pero desafortunadamente ocurrió lo contrario. El alma se ha ensimismado tanto con el cuerpo y con la mente que se ha olvidado de sí misma. La mente es un agente poderoso y también es amante del placer. Es fácilmente atraída por las tentaciones del mundo externo. El canto de sirena del mundo atrae los sentidos hacia las escenas hermosas, los sonidos dulces, las fragancias encantadoras, los sabores deliciosos y las sensaciones tentadoras. Los sentidos arrastran a la mente hacia el mundo externo y la mente se lleva consigo al alma para que disfrute de las atracciones mundanas. Con el tiempo, cuando el alma se pierde en el juego del mundo, se olvida finalmente de su verdadera naturaleza. Se concentra en el mundo externo en lugar de hacerlo en la verdad, la conciencia y la bienaventuranza que forman su verdadera esencia.

Los niños entran al mundo con pureza e inocencia. Al mirar en sus ojos, uno los encuentra llenos de amor y felicidad. Irradian tanta alegría que nos sentimos a gusto permaneciendo a su lado. Pero desde el momento que nacen los niños son bombardeados con las atracciones del mundo. De inmediato son rodeados con juguetes, móviles, sonajeros y música. Ellos comienzan a explorar el pequeño mundo que les rodea. Cuando crecen, los educan en la cultura en que viven. Su entrenamiento es predominantemente físico e intelectual. Lentamente, los niños pierden contacto con su pureza y naturaleza esencial. Como los adultos que les rodean, se enredan en el mundo y se olvidan que son almas. Mientras más nos identifiquemos con nuestro cuerpo y mente, más tiempo pasaremos en propósitos que satisfagan nuestras necesidades físicas e intelectuales.

Cuando crecemos, se nos enseña cuán importante es el desarrollo físico y mental. Empezamos a creer que la felicidad se encuentra solamente en nuestro desarrollo en estas dos áreas. La vida se vuelve como una competencia inexorable en la que tratamos de satisfacer las necesidades físicas de alimento, vestido, refugio y comodidad, así como los placeres sensuales, las posesiones y el amor. Pasamos tiempo desarrollando el intelecto para recibir una buena educación que nos conduzca a una carrera bien remunerada. Nos dedicamos a pasatiempos que proporcionan placer a la mente. Buscamos la felicidad satisfaciendo nuestras necesidades emocionales de amor y compañía, por medio de nuestras relaciones con la familia, amigos y seres queridos. Puede que busquemos un compañero en la vida y finalmente nos casemos y levantemos una familia. Con todo esto, vale preguntarnos si alguien alguna vez nos ha enseñado que la felicidad se encuentra dentro de nuestro propio ser. El papel de los maestros espirituales, santos y místicos, ha sido hacernos conscientes de la fuente de néctar, productora de bienaventuranza, que rebosa en nuestro interior.

ॐ

Beber de la bienaventuranza interna

El camino para entrar en contacto con esta fuente es sencillo. Solo es asunto de atención. Podemos dirigir nuestra atención donde lo deseemos. Podemos colocarla en nuestro cuerpo. Podemos enfocarla en nuestra mente. O podemos concentrarla en nuestra alma. Desafortunadamente, desde la infancia nos han entrenado para enfocarnos en el cuerpo y la mente. Es natural que nuestros sentidos encuentren fácil involucrarse en las actividades mundanas por medio de los ojos, los oídos, la nariz, la boca y la piel. Nuestros padres y profesores nunca nos han enseñado cómo concentrarnos en el alma. Si lo hubieran hecho, ahora seríamos expertos en conectarnos con la fuente de la conciencia y la bienaventuranza internas.

La instrucción sobre cómo fijar nuestra atención en el alma es del dominio de los maestros espirituales. De un maestro podemos aprender el proceso sencillo para experimentar la bienaventuranza pura de nuestra verdadera naturaleza. A este proceso lo denominamos concentración o enfocar nuestra atención. Pero su denominación más común es la meditación.

La meditación es fácil. Uno de los grandes instructores espirituales de este siglo, Sant Kirpal Singh, solía decir que es como cerrar un cajón y abrir otro. Durante el tiempo de la meditación, simplemente colocamos todos los pensamientos sobre el mundo y los problemas en un cajón y lo cerramos. Luego, abrimos el cajón de la meditación y nos concentramos solamente en ese. Cuando termina la meditación, entonces retomamos el cajón de nuestros pensamientos y problemas del mundo y lidiamos con ellos.

La meditación es enfocar nuestra atención en el asiento del alma, localizado en medio y detrás de las dos cejas. Si podemos por un rato dejar de poner nuestra atención en los ojos y oídos externos y concentrarla en el asiento del alma, penetraremos en la fuente de felicidad y bienaventuranza que nos está esperando.

Dedicar dos horas diarias a la concentración en el foco del ojo nos ayudará a retirar la atención del cuerpo. Por lo general, las corrientes sensoriales, que producen las sensaciones de este mundo físico, están dispersas por todo el cuerpo. Cuando nos concentramos en el asiento del alma, estas corrientes empiezan a retirarse de nuestras extremidades. Ascienden desde los pies y las piernas hasta el tronco. Por último se concentran totalmente en el asiento del alma. Una vez que llegan a ese punto, se abre ante nosotros una escena de la Luz divina y del Sonido celestial. Somos testigos de la Luz y el Sonido que emanaron de Dios en el comienzo de la creación. Como un torrente, esta corriente fluye de Dios a través de todas las regiones. También regresa a Él.

Cuando nuestra alma entra en contacto con esta corriente, puede viajar sobre ella de regreso a la Fuente. La jornada comienza en el tercer ojo. Al colocar allí nuestra atención, el alma comienza su viaje hacia la fuente de la felicidad primaria. Esto es la meditación.

Dios y el alma son eternos. Son toda conciencia y bienaventuranza, y están absortos en un estado de perpetua felicidad. Cuando alcanzamos ese estado, se disipan todos los deseos y anhelos por las cosas de este mundo. Nuestros deseos mundanos se convierten en meras bagatelas cuando experimentamos el fascinante regocijo interno. En algún momento de nuestras vidas tal vez experimentemos gran euforia, por ejemplo cuando nuestro equipo gana un partido de fútbol o cuando obtenemos un aumento de sueldo largamente esperado o cuando se cumple alguno de nuestros sueños. Durante esos momentos estamos tan perdidos en nuestro regocijo, que los demás problemas de repente parecen insignificantes. Dejamos de lado las dificultades anteriores, porque no queremos que nos distraigan de nuestros momentos de gloria y felicidad. Este es sólo un ejemplo pequeño de cómo el conectarnos con la felicidad puede mantenernos en una bienaventuranza permanente, haciendo que los problemas del mundo se desvanezcan.

Quienes aprenden a meditar pueden dirigir su atención hacia la fuente de felicidad interna, aún en medio de la tristeza. Es verdad, ellos siguen padeciendo los dolores y tristezas de la vida pero no les afectan. Beben de la embriaguez interna que amortigua el dolor y aleja su atención de los sufrimientos.

No hay nada mágico acerca de la meditación. Es algo que toda persona puede aprender, desde un niño hasta una persona mayor. Si hubiéramos aprendido durante nuestra juventud cómo enfocar nuestra atención en lo interno, ahora se hubiese convertido en un hábito. Podríamos hacerlo a voluntad cuando lo quisiéramos. Pero nunca es demasiado tarde para aprender esta práctica. Al aprender a meditar podemos perfeccionar el arte de dirigir nuestra atención hacia la fuente de felicidad dentro de nosotros. Entonces podremos beber del pozo eterno de la felicidad cuando deseemos. Puede que nos quiten las fuentes externas del placer, pero siempre tenemos acceso a la bienaventuranza eterna que llevamos dentro.

Al aprender a meditar y disfrutar del regocijo interno tenemos la protección contra las penas y tristezas de la vida. Nos damos cuenta que este mundo no es más que un espectáculo pasajero. El éxtasis interno que experimentamos nos llena de felicidad y somos capaces de superar nuestros problemas.

Cuando meditamos y nos conectamos con la fuente interna de todo amor, empezamos a difundirlo a los demás. Siempre estaremos sintonizados con esta felicidad interior y la irradiaremos a todo aquel que se nos acerque. Entonces podremos irradiar alegría por donde vayamos.

Los santos y místicos vienen a compartir con la humanidad la paz y la felicidad que encontraron. Vienen a mostrarnos la fuente de la paz y la felicidad dentro de nosotros, para que no nos afecten más los dolores de la vida. Nos ayudan a evadir los sufrimientos de la vida, llevándonos a los reinos internos que nos proporcionan más felicidad y tranquilidad de lo que jamás soñamos. Espero y oro para que todos ustedes alcancen la bienaventuranza y la felicidad internas, que son su herencia de Dios.

❂

EJERCICIO

- En una hoja, elabore una lista con dos columnas. En la primera enumere todas las cosas en la vida que cree que le traerán felicidad.
- En la segunda columna, enumere todas las cosas que hayan sucedido o que puedan suceder, que puedan volver transitoria esa felicidad.
- Trate de encontrar algún área de la vida mundana que pueda proporcionarle una felicidad permanente.
- Finalmente, piense acerca de cómo la fuente de toda la felicidad viene desde lo profundo de su ser. Siéntese en meditación para experimentar la felicidad interna dentro de usted.

SEIS

El jardín de la bienaventuranza

———————

Con ocasión de mis giras he visitado muchas ciudades grandes, con sus estructuras de concreto y acero, sus calles y andenes pavimentados y los ruidos fuertes de las máquinas en funcionamiento. Sin embargo, encuentro que en medio del ajetreo, del ir y venir, la gente construye a menudo para sí misma pequeños jardines como refugios, para darse un toque de serenidad y belleza. En Alemania, muchos apartamentos tienen jardineras en sus ventanas, llenas de coloridos tulipanes y rosas. En Nueva York quedé sorprendido al ver jardines parecidos a parques que crecen en los techos y terrazas de los rascacielos. Este deseo de adornar el mundo mecanicista con detalles de la naturaleza, es símbolo de nuestra búsqueda de la paz en este mundo atribulado.

A pesar de nuestros avances tecnológicos y científicos, el mundo todavía sigue en llamas por el fuego de la guerra. A diario escuchamos relatos de sufrimientos e inhumanidad. Difícilmente se encuentra una persona que no haya experimentado ninguna pena, angustia, tristeza y desesperación.

Algunas veces cuando observamos un lago reluciente, miramos las incontables estrellas en el cielo u observamos los delicados colores del crepúsculo, quizá nos preguntemos cómo Dios, que ha hecho un mundo tan hermoso, puede tolerar el enorme sufrimiento de sus criaturas. A través de las edades, los místicos han subrayado que los seres humanos fueron creados para un propósito noble y elevado, y los ejemplos de crueldad que vemos en este mundo no son una expresión de su verdadera naturaleza. Como el gran instructor y poeta místico, Sant Darshan Singh, expresó en uno de sus versos:

> Esta sagrada tierra de Dios ha sido pisoteada por
>   la carga de la opresión.
> La vida no es una daga manchada con la sangre del odio;
> Es una rama cargada de flores del amor y la compasión.

A veces, este mundo parece una prisión de la cual no hay escapatoria. Pero Dios no nos ha abandonado. Nos ha dado la llave de un jardín secreto de paz y de alegría. Podemos entrar en él cuando queramos. Solo tenemos que dirigirnos hacia Él internamente para que nos muestre el camino.

Me gustaría explicar cómo podemos lograr la felicidad y la satisfacción en esta vida, aprendiendo a entrar en el jardín interno de paz. Kabir, el gran místico de la India, ha dicho:

> ¡No vayas al jardín de las flores!
> ¡Oh, amigo!, no vayas allí.
> En tu cuerpo está ese jardín.
> Toma asiento en el loto de los mil pétalos,
> Y contempla la Belleza Infinita.
>
> (*Versos de Kabir*, de la traducción al
>   inglés por Rabindranath Tagore).

Los místicos de todas las épocas han descrito mundo tras mundo de belleza jamás soñada. Ríos de luz brotan de ellos. Miles de soles y lunas adornan las regiones internas. La Música celestial resuena con encantadoras melodías. Cada átomo está ardiendo de amor y alegría. Y dentro de nosotros está Aquel que es el Creador de todo, el Señor Mismo.

☙

Cómo entrar al jardín

¿Cómo podemos entrar en esta morada de alegría eterna en nuestro interior? Como dijo Kabir en su verso, necesitamos descubrir la entrada al jardín de paz interior y luego sentarnos sobre el loto de los mil pétalos.

Todos los santos y místicos que han entrado al jardín interno, nos dicen que el camino a lo interno es la meditación o concentración. La meditación es el arte de invertir nuestra atención del mundo externo al interno.

Actualmente, nuestra atención fluye hacia afuera por intermedio de los diferentes sentidos. Tenemos los sentidos de la vista, el oído, el olfato, el gusto y el tacto. Desafortunadamente, creemos que el mundo físico es la única realidad existente. Pero ¡cuán limitada es nuestra visión! Nuestros ojos experimentan ondas de luz de ciertas longitudes. Nuestros oídos escuchan el sonido de ondas de algunas frecuencias. Fue después del desarrollo de instrumentos científicos más sofisticados, que descubrimos que hay ondas de luz y sonido más allá del alcance de la vista y la audición humana. Ahora la ciencia nos demuestra que aún lo que vemos y oímos no es lo que parece ser. Se ha descubierto que la materia sólida tal como escritorios, sillas y paredes, no es realmente sólida si la observamos a través de los más potentes microscopios y la analizamos con instrumentos científicos. La materia misma está hecha de partículas subatómicas, paquetes danzantes de energía, que giran en el espacio. Si nuestros sentidos no son capaces de percibir la realidad en la región física, ¡qué decir de aquellos reinos más allá de este mundo!

Las escrituras se refieren a los ojos y oídos que pueden dar testimonio de los reinos internos. La Biblia dice: "Si tu ojo fuera único todo tu cuerpo estaría lleno de luz". Los grandes místicos, santos, profetas y Maestros han tenido abiertos sus ojos y oídos internos, y no solo han investigado sobre el más allá sino que han viajado hasta allí. Han atravesado los planos internos superiores y finalmente han realizado a Dios. Hoy, personas de todas las religiones reverencian a estas grandes almas. La mejor manera de rendir homenaje a los ideales por los cuales ellos vivieron, es poner en práctica sus enseñanzas. Enseñaron a sus discípulos un método práctico de inversión. Pero después de que los santos y místicos abandonaron el mundo, sus seguidores se olvidaron de las técnicas internas y solo quedaron las escrituras, las ceremonias y los ritos externos. Si deseamos hallar el jardín interno de paz, necesitamos encontrar a alguien que nos ayude a abrir la puerta para entrar allí. Necesitamos la ayuda de un instructor espiritual competente o Maestro, que pueda enseñarnos cómo retirar la atención del mundo externo y dirigirla hacia el mundo interno.

֍

El loto de los mil pétalos

Así como tenemos las puertas de los sentidos que conducen hacia el mundo externo, hay una puerta que nos lleva a lo interno. Cuando entramos por esa puerta, llegamos al loto de los mil pétalos al que se refería Kabir en su verso. Esto simboliza la primera etapa del viaje interno, la región del loto de los mil pétalos o *Sahansdal Kanwal* en el plano astral. Esta es la primera región que el alma visita cuando se eleva por encima de la conciencia del cuerpo, por medio del proceso de la meditación en la Luz y el Sonido internos. Esta Luz y Sonido divinos nos esperan en el asiento del alma localizado en medio y detrás de las dos cejas. Si enfocamos nuestra atención allí, tomando asiento en el foco del ojo, podemos empezar nuestro viaje espiritual. Las escrituras y los místicos se refirieron a este punto como el tercer ojo u ojo único, el *ajna chakra* o el *tisra til*. Es en este punto donde podemos ver la Luz de Dios y escuchar la Armonía celestial de todas las armonías que resuenan internamente. Al concentrar nuestra atención en el asiento del alma más elevado en el cuerpo, comenzamos a ver la Luz y a escuchar la Música celestial internas.

Cuando nos hemos retirado hasta el foco del ojo empezamos a ver la Luz de Dios. La experiencia interna de la Luz en los estados iniciales puede que no sea tan resplandeciente, pero a medida que uno progresa y se eleva más alto, la Luz se vuelve más y más resplandeciente. Entonces nos absorbemos más y más internamente. Cruzamos las estrellas, la luna y el sol internos, hasta que trascendemos la conciencia del cuerpo y entramos en los reinos espirituales internos. Entramos en reinos que son indescriptibles. Experimentamos gran éxtasis y bienaventuranza cuando atravesamos las regiones superiores. Cruzamos los planos astral, causal y supracausal hasta llegar a nuestra meta final: la fusión en Dios.

En la segunda práctica de la meditación, mencionada anteriormente, escuchamos la Corriente de Sonido interno mientras mantenemos la atención en el foco del ojo. Finalmente el Sonido se vuelve más y más fuerte, y comienza a elevar el espíritu. Este Sonido místico que resuena incesantemente dentro de nosotros eleva nuestra alma por encima de la conciencia del cuerpo. En cada etapa, la Música celestial se hace más y más arrobadora. Cuando el alma escucha esta melodía divina queda magnetizada y es atraída hacia ella, y se remonta al interior. Viajando sobre ese Sonido, nos elevamos cada vez más hacia mundos de regocijo inimaginable.

Las cualidades innatas del alma son el amor y el éxtasis. Dios es amor y el alma es una chispa de ese amor. Sabemos que los amantes son felices cuando están unidos. De forma similar, el alma es verdaderamente feliz cuando se reúne con Dios. El alma es una entidad consciente y sólo puede obtener el gozo perdurable de aquello que es consciente. Para experimentar esto, debe conectarse con el interior y allí encontrar la fuente de toda consciencia, Dios.

ॐ

El éxtasis del amor

Aún más embriagante que la belleza de los reinos internos es la omnipermeante atmósfera de amor. Estas regiones internas danzan con el éxtasis del amor. La emoción y alegría que experimentamos en la compañía de nuestro amado terrenal, no es ni un ápice del éxtasis que experimentamos en la compañía de nuestro Amado eterno.

Rabia Basri fue una gran santa que vivió en Arabia en el siglo octavo. Era gran devota de Dios y pasó mucho tiempo absorta en meditación. Un día, algunos de sus compañeros la visitaron en su humilde morada. Había llegado la primavera y las flores fragantes estaban abriéndose. La invitaron a reunirse con ellos para pasar un día en medio de la belleza de la naturaleza. Le hablaron de las suaves brisas que soplaban y de los dulces gorjeos de los pájaros. Cuando Rabia se negó a salir, le insistieron nuevamente. Ella les dijo que prefería permanecer adentro y meditar. Cuando siguieron implorándole para que disfrutara de la exquisita hermosura de la naturaleza, por fin les dijo: "¿Qué necesidad tengo de ver los jardines externos? En mis meditaciones disfruto de la belleza de los jardines internos, en los que me pierdo en el amor de mi Amado eterno. La bienaventuranza y el éxtasis internos son mucho más grandes que la felicidad que uno disfruta en los jardines externos".

Muchos místicos han expresado el gozo que se obtiene al penetrar en el jardín interior y alcanzar la unión con el Amado Señor. Puesto que esta experiencia está más allá del campo del lenguaje, tienen que recurrir a analogías, alegorías y símbolos. Estas imágenes nos dan solo un vislumbre de la realidad que nos espera. Los místicos de las tradiciones hindú, sij, cristiana, judía y sufí, han hablado repetidamente de la unión divina entre el amante y el Amado. Al escuchar sus descripciones nos llenamos de una pasión y un anhelo por entrar al jardín interno de la bienaventuranza para reunirnos con nuestro Amado eterno.

Meister Eckhart, el místico alemán, dijo: "¡Oh qué maravilla de maravillas, cuando pienso en la unión del alma con Dios! La primavera del Amor divino brota del alma y la retira de sí misma, llevándola hacia su Fuente primaria, que es solo Dios".

Tan grande es la bienaventuranza interna que aún mientras funcionamos en el mundo externo, cumpliendo con nuestros deberes, seguimos impregnados del éxtasis de la unión divina. Una expresión punjabi describe esto apropiadamente: "Nuestras manos en el trabajo y nuestro corazón en nuestro Amado".

🐦

Cómo esparcir las semillas del amor

Algunos se han preguntado si entrar en el jardín interno de paz es un enfoque escapista de la vida. Pero el misticismo no es la negación de la vida. El enfoque escapista ha sido denominado por Sant Darshan Singh como "misticismo negativo". Al contrario, el sendero de los santos y místicos lo llamó "misticismo positivo". Nos dedicamos al viaje interno mientras permanecemos en la sociedad en que nacimos. Cumplimos nuestras obligaciones con la familia, el trabajo, la comunidad y con la sociedad, pero todos los días dedicamos un tiempo a la meditación para entrar en el jardín interno de la bienaventuranza.

Cuando entramos en nuestro interior y comulgamos con el Señor, regresamos con la fragancia del jardín del amor divino. Todo aquel que se ponga en contacto con nosotros disfrutará de la dulzura y el amor que irradia de nuestro ser. Las personas nos preguntarán cómo pueden también experimentar un amor así. Una por una se esparcen las semillas del jardín del amor y la bienaventuranza a lo largo y ancho del mundo, hasta que el amor comience a florecer en cada corazón.

La llave para entrar en este jardín interno está disponible para todo el mundo, independientemente de su nacionalidad, color o religión. Todos pueden disfrutarlo gratuitamente por medio de la meditación.

Hay un relato instructivo sobre un rey que tenía un enorme castillo. Dentro del castillo estaban los jardines y fuentes más suntuosos de toda la tierra. Abundaban las flores más grandes y coloridas, prados primorosamente arreglados y caminos que bordeaban riachuelos y cascadas. El jardín era famoso en todo el reino, pero en verdad muy pocos lo habían visto. El rey sólo invitaba al jardín a unos pocos amigos cercanos. Ellos lo encontraban tan encantador que no querían salir de ahí. Muchos ciudadanos anhelaban darle un vistazo al jardín privado del rey. Si alguno tenía la suerte de entrar, nunca volvía a salir y optaba por quedarse a vivir en los confines del castillo. Un día, un joven del reino tuvo la buena fortuna de ser invitado por el rey a visitar el jardín. Emocionado entró por la puerta del reino, tomando atenta nota del camino de entrada. Una vez adentro, quedó encantado con los bellísimos paisajes, sonidos y fragancias que envolvían todos sus sentidos. Pasó días y días explorando el gran jardín y, como los demás, no deseaba salir nunca de allí. Pero pensó en sus amigos y en su hogar y deseó compartir con ellos esta gloriosa experiencia. Entonces recordó cómo había entrado al jardín y regresó a la entrada. Cuando encontró que la salida del jardín estaba cerrada, buscó otra puerta. Finalmente, al trepar por una de sus torres, encontró una puerta abierta. Construyó una escalera de cuerda y la arrojó sobre el muro en la entrada. Bajó por la escalera y salió del palacio del rey. Entonces fue a casa a contarles a sus amigos que de verdad había visto el jardín del rey y que había trazado una ruta para que ellos también lo visitaran. Uno por uno trajo a todos sus amigos hasta el palacio y les ayudó a subir por la escalera hasta el santuario interno. Todo aquel que llevó quedó extasiado cuando vio la belleza del jardín del rey. De esta forma, el joven le abrió las puertas a todo aquel que deseara visitarlo. No contento con disfrutar de la bienaventuranza del jardín él solo, quiso compartir con todo el mundo ese éxtasis ilimitado.

Los santos, místicos y almas iluminadas son como ese noble joven. Después de haber entrado en el jardín de bienaventuranza, el jardín interno del Señor, no se contentan con experimentar esa felicidad sólo para sí mismos. Quieren que toda la humanidad disfrute de la misma bendición. Dedican sus vidas a traer a los demás al jardín secreto del Señor y su meta es hacer que esa alegría esté disponible para todas las almas de la creación.

Si entramos al jardín de la bienaventuranza encontraremos al Señor esperándonos internamente. Nos llenará de gozo y saturará nuestro ser. Nos daremos cuenta de que Él está con nosotros en todo momento. Está dentro de nosotros. Está danzando en nuestros ojos. Está abrazando nuestro corazón. Su fragancia fluye a través de cada poro. Él es el aire de todo aliento que tomamos. Su Música encanta nuestra misma alma. Maulana Rumi describe la experiencia así:

> Con Tu dulce alma, esta alma mía
> Se ha mezclado, como el agua con el vino.
> ¿Quién puede separar el vino del agua,
> O separarnos cuando estamos unidos?
> Tu amor satura todo mi ser.

El deseo del Señor para nuestra unión con Él es aún más grande que el nuestro para comulgar con Él. A nosotros nos toca dirigir nuestros corazones hacia Él. Cuando han terminado nuestras responsabilidades y deberes diarios y el mundo duerme, debemos correr hacia nuestro Amado Eterno. Vuélvase hacia adentro y abra la puerta hacia el jardín interno de bienaventuranza y paz y encuéntrese con Él.

Un proverbio francés dice: "Cuando un hombre no encuentra paz dentro de sí mismo, es inútil que la busque en otra parte". Santa Catalina de Génova, una santa mística italiana, dijo: "La paz no la hallan aquellos que no se encuentran con Dios".

Nuestro Amado Eterno nos está esperando en lo interno. Corramos hacia Él y abracémosle. No solo lograremos nuestra paz, sino que el mundo entero se convertirá en un jardín de bienaventuranza.

EJERCICIO

Siéntese en meditación como se explicó en las instrucciones del capítulo cuatro. Después de completar la meditación, observe la paz que siente. Cada vez que se sienta atribulado por los infortunios o perturbaciones externas, busque un lugar tranquilo, cierre sus ojos por unos pocos minutos y trate de meditar para penetrar en su propio jardín de paz. Escriba cualquier cambio que sienta acerca de las perturbaciones externas después de haberse sentado en meditación. Observe si la meditación hizo disminuir o desvanecer las perturbaciones.

SIETE

Reducción del estrés por medio de la meditación

*U*n hombre caminaba por la calle y se encontró con un joven que bregaba con una larga espiral metálica. Le preguntó qué hacía y el joven dijo que trataba de enderezarla y hacer un alambre recto. Cuando el observador quiso saber por qué tenía tanto problema, el joven le explicó que cada vez que enderezaba una vuelta aparecía una nueva. Este dilema es similar a nuestra vida. Nuestra existencia diaria está llena de problemas.

Cada vez que resolvemos un problema, aparece otro nuevo. Quizá estemos en la lucha económica tratando de llegar al fin de mes. Cuando llega finalmente el día en que logramos un aumento, luego encontramos que nuestro carro está varado y el dinero extra se nos va en repararlo o en las cuotas para comprar uno nuevo. Al solucionar este problema, puede que alguien en nuestra familia se enferme. Además de esto, quizás aparezca algún problema con un compañero de trabajo. Mientras esto se soluciona, aparece una gotera en el techo y debemos repararla. Después de un tiempo comenzamos a preguntarnos si habrá algún momento en la vida en que estemos libres de problemas. Quizá pensemos que nosotros solos estamos marcados con la mala suerte. Pero si le preguntamos a los demás, vemos que la vida de todo el mundo está llena de dificultades. Parece que los problemas no tuvieran fin.

¿▲

Las tensiones de la vida moderna

No es de admirarse que encontremos a la gente padeciendo de inmensas tensiones y estrés. Las presiones de la vida son tan grandes que comienzan a afectarnos física y mentalmente. Vemos que la gente experimenta ansiedad, temor, depresión y fobias. Los consultorios de los psiquiatras, psicólogos y terapeutas están llenos de gente normal, gente común y corriente, que no puede hacerle frente a los conflictos de la vida. Son incapaces de resolver sus problemas. Viven temiendo un desastre económico. Están tratando de lidiar con matrimonios y hogares destruidos. Otros están inquietos por la soledad que pueda sobrevenir con la pérdida de un ser amado. Algunos están tan desilusionados de la vida que no ven esperanza para el futuro.

El estrés y las tensiones no solo afectan nuestra mente. Las investigaciones demuestran una conexión entre la mente y el cuerpo. Nuestro estado mental puede causar enfermedades relacionadas con el estrés. Los estudios han demostrado que cuando estamos enojados o perturbados emocionalmente, se liberan hormonas en nuestro cuerpo que nos preparan para "pelear o huir". Como las normas de la sociedad nos mandan a que encaremos los problemas de manera calmada y racional, en lugar de "pelear o huir", tendemos a hacer frente a la situación, reprimiendo nuestros sentimientos. El resultado es que las hormonas actúan sobre nuestro cuerpo físico, causando enfermedades relacionadas con el estrés tales como la presión arterial alta, enfermedades del corazón, problemas respiratorios, desórdenes digestivos, dolores de cabeza y musculares, salpullidos en la piel y otros problemas. La solución no es necesariamente darle rienda a nuestra ira, peleando o huyendo, porque esas reacciones pueden crear aún más problemas en nuestras relaciones interpersonales. Tenemos que encontrar alguna manera aceptable de prevenir los efectos mentales, emocionales y físicos del estrés que nos están enfermando.

La meditación: un antídoto contra el estrés

En los últimos años la gente ha buscado la meditación como una solución para las tensiones emocionales y mentales de la vida. La meditación produce numerosos beneficios para nuestro bienestar físico y mental. Es segura, efectiva y no cuesta nada. Una vez que aprendemos a meditar, llevamos dentro de nosotros un remedio que podemos usar en cualquier momento y lugar.

El proceso de la meditación nos ayuda en dos niveles. Primero, nos produce relajación física. Segundo, nos pone en un estado en el cual nos absorbemos en una experiencia agradable y dichosa, olvidándonos de los problemas de este mundo.

¿Cómo opera la meditación? Seleccionamos una postura en la cual podamos permanecer quietos y calmados. El proceso de la meditación nos ayuda a enfocar la atención en el punto localizado en medio y detrás de las cejas, conocido como el ojo único o la décima puerta. De esta manera, retiramos nuestra atención del cuerpo físico. Entonces el cuerpo llega a relajarse como cuando se duerme.

Estudios realizados muestran que durante la meditación, las ondas cerebrales funcionan en una frecuencia de 4 a 10

Hz. Durante este estado hay una sensación de paz y relajación total. Pero esta medida sólo refleja la relajación al nivel de la mente y el cuerpo. A través de la meditación en la Luz y el Sonido internos recibimos un bono adicional. Nos pone en contacto con una corriente de Luz y Sonido, una energía resplandeciente que proviene de los estados más allá del mundo físico. Es una corriente poderosa de amor divino, conciencia y bienaventuranza. Es una experiencia puramente espiritual por fuera del alcance de toda escala de medida. Esta corriente está dentro de cada persona y puede ser experimentada en el tercer ojo u ojo único. Nos proporciona mucho más que la relajación física. Nos envuelve en una embriaguez mucho más fuerte y más duradera que cualquier embriaguez de este mundo. Todo nuestro ser, cuerpo, mente y alma experimenta ondas de éxtasis que impregnan todas y cada una de sus partes.

Esta experiencia surge de nuestro ser más íntimo, nuestra alma, al entrar en contacto con su propia esencia en la forma de la corriente de Luz y Sonido. Si hacemos un estudio comparativo de las grandes escrituras y escritos místicos del mundo, encontramos que el poder creador que dio origen a todos los universos y formas de vida, se manifestó como una corriente de la Luz y el Sonido. Esta corriente que emana de la Fuente creadora fue la fuerza que originó todas las cosas. Nuestra alma es una gota de esa esencia. Se dice que el alma, este poder creador y la corriente que fluye de él son todo amor, toda conciencia y toda bienaventuranza.

En nuestra vida diaria, solamente somos conscientes de nuestro cuerpo y mente. Hemos olvidado nuestra verdadera naturaleza, el alma. En la meditación, cuando el cuerpo y la mente se calman, nos volvemos conscientes de nuestra naturaleza como alma. Cuando el alma se retira y se recoge en el tercer ojo, está en el punto de contacto con la Luz y el Sonido internos. Al encontrarse con esta corriente, queda magnetizada por ella. Es como una gota de agua sobre una mesa. Si uno vierte una corriente de agua sobre la mesa, la gota se adhiere a la corriente y se confunde con ella. Similarmente, cuando nuestra alma se concentra en el punto donde empieza la corriente, en el tercer ojo, será atraída hasta fundirse en ella. Entonces comenzamos a viajar sobre esta corriente. Nuestra alma se eleva sobre la conciencia del cuerpo y disfruta de un viaje por los reinos superiores.

Esta jornada interna ha sido descrita por los místicos y los santos a través de los tiempos. Aún hoy, leemos relatos de personas que han tenido experiencias cercanas a la muerte. Ellas dejaron sus cuerpos atrás y entraron en una región de Luz que las envolvió con un amor, calidez y conocimiento trascendentes.

En la meditación podemos practicar este proceso de manera fácil y natural. La experiencia es tan vivificante que sobrepasa cualquier emoción de este mundo. Nos pone en un estado en que nos olvidamos de las dificultades de este mundo. Los problemas ya no nos producen el mismo efecto, porque estamos en un estado de inmensa alegría. Estos desaparecen como las olas en el mar. Somos transportados muy por encima de las nubes tormentosas y flotamos en cielos soleados, plenos del esplendor de la Luz interna.

≥♣

Cómo liberarnos del estrés externo

Cuando regresamos al estado de conciencia física, traemos con nosotros la experiencia vívida de la meditación. Todavía continúan los problemas, pero su efecto sobre nosotros se suaviza porque ahora nos encontramos inmersos en la bienaventuranza que traemos. Nos deshacemos del sufrimiento de la vida porque estamos conectados a un ancla de esperanza o cuerda salvavidas. Nos conectamos de manera permanente con la bienaventuranza divina interna. Con este soporte interior, podemos enfrentar nuestros problemas con una mente clara y encontrar las soluciones. Somos capaces de tomar decisiones más racionales porque vemos la vida desde un ángulo de visión más elevado. Se reducen las tensiones de la vida. Estamos plenos de un estado de embriaguez que tiene el efecto de calmar la mente. Esto a su vez relaja el cuerpo. Por lo tanto, disminuyen las posibilidades de sufrir enfermedades relacionadas con el estrés.

≷♣

Un retiro privado especial

Aprender a meditar en la Luz y el Sonido es como tener un retiro especial, un lugar especial, en el que podamos encontrar alivio a los problemas de la vida. Podemos meditar a cualquier hora del día. Podemos comenzar el día con la meditación al despertarnos para ponernos en un estado de calma para el resto de la jornada. Si vamos al trabajo en bus o en tren o alguien nos lleva en su auto, podemos meditar en el trayecto. En el trabajo podemos meditar durante el descanso o a la hora del almuerzo, lo cual nos recarga y nos ayuda para lidiar con tranquilidad con las situaciones de trabajo. Si trabajamos en casa, podemos sacar cualquier momento para la meditación. Si trabajamos por fuera, al regresar a casa después de un día agitado, podemos distendernos y acabar con las tensiones del día dedicando algún tiempo a la meditación. A muchos les gusta meditar por la noche antes de acostarse porque es un momento calmado y tranquilo con pocas distracciones y perturbaciones. A otros les gusta empezar el día con la meditación para que tengan una burbuja protectora de calma que les ayude a encarar las dificultades del día.

Al reducir el estrés también tenemos un efecto positivo sobre los que nos rodean. Si tenemos un estado de gozo gracias a la meditación, tomaremos la vida más tranquilamente. No reaccionamos tanto contra los demás. Podemos escuchar mucho mejor sus palabras, de manera más objetiva y equilibrada. Por lo tanto, nos volvemos más pacíficos y no violentos.

Hay una bella historia de la tradición de la India. Había una vez una princesa llamada Laila que siempre estaba embelesada en el amor y en el recuerdo de Majnu, su amado terreno. Una vez ella iba a orar en la mezquita. Estaba tan absorta pensando en Majnu que no se dio cuenta que había pisado la alfombra de oración de un religioso. Tan pronto como pisó la alfombra, éste se paró de un salto y empezó a regañarla por su acto sacrílego. La conmoción la sacó de su arrobamiento. Él dijo: "¿Cómo pudo cometer un acto tan irrespetuoso al caminar sobre mi alfombra de oración mientras me encontraba orando?". Ella se disculpó, diciendo: "Lo siento, pero estaba tan abstraída pensando en mi amado terreno que no me di cuenta por dónde caminaba". Pero luego, con gran sabiduría, comentó: "Sólo me pregunto, oh devoto, si yo estaba tan abstraída en mi amado terreno que no me di cuenta por donde caminaba, ¿cómo puede decir que estaba tan ensimismado en el Amado divino, Dios, y darse cuenta que yo estaba caminando sobre su alfombra? Si usted hubiera estado verdaderamente absorto, no me habría notado en absoluto".

Esto describe la condición que logramos en la meditación. Nuestros problemas continuarán, pero nos absorbemos de tal manera en la bienaventuranza y embriaguez interna, que no notaremos las tribulaciones y desilusiones de la vida. Nuestros pensamientos, sentimientos y emociones no se perturban ni se desequilibran por el estrés y tensiones de la vida. Somos capaces de manejarlos de manera calmada, objetiva y equilibrada.

Como lo expresó en uno de sus versos uno de los grandes santos de la época, Sant Darshan Singh:

Enséñame el arte de la vida
Que lo hace a uno ajeno a las aflicciones del mundo,
    Oh Escanciador.

Por medio de la meditación podemos aprender el arte de la vida que puede ayudarnos a superar el estrés y las tensiones. Podemos descubrir el camino hacia la relajación y la tranquilidad.

EJERCICIO

Vuélvase consciente de los momentos cuando su cuerpo y mente experimenten estrés. Observe por unos días cómo reacciona física, emocional y mentalmente ante el estrés.

Después de algunos días de observación, perciba el momento en que empieza a llenarse de estrés. Busque la manera de cerrar los ojos, relajarse y meditar. Si está en el trabajo, trate de retirarse de su área de labores para estar en silencio y a solas, y sentarse por unos minutos a meditar. Si está en casa, pase más tiempo meditando.

Observe cómo la meditación alivia el estrés. Adquiera el hábito de la meditación como un remedio para el estrés.

OCHO

Meditación y experiencias cercanas a la muerte

En el último cuarto de siglo se ha abierto un nuevo campo de investigación denominado "experiencias cercanas a la muerte" o ECM. Los médicos y científicos están investigando las experiencias de las personas que sufren una muerte clínica y que fueron traídas de regreso a la vida por medio de las maravillas de la medicina moderna. Este estudio adquirió popularidad cuando el Dr. Raymond Moody Jr. publicó su libro, *Vida después de la vida*, en 1976. En este libro relata las experiencias cercanas a la muerte de personas de diferentes condiciones de vida.

🐦

¿Qué es una ECM?

En 1982 una encuesta Gallup mostró que ocho millones de personas habían tenido experiencias cercanas a la muerte o

ECM. Cuando analizamos sus experiencias encontramos que son similares. Describen regiones a las que entraron, distintas a las existentes en el mundo físico. Una ECM típica comienza con una persona que ha tenido algún accidente o emergencia médica en la cual su cuerpo sufre una muerte clínica. De repente se ve a sí misma flotando sobre su cuerpo, mirando cómo trabajan en él los médicos y enfermeras. Poco después, esas personas pasan a través de un túnel que termina en un mundo de Luz. La Luz es muy brillante e incomparable a cualquiera que hayan visto en este mundo físico. Aún cuando es brillante, no es caliente ni abrasadora. Las personas que tienen las ECM notan que sus manos también están hechas de Luz. Luego les recibe un Ser divino luminoso y los envuelve con un amor, calidez y solicitud como nunca antes lo habían experimentado en la tierra. La Luz les proporciona paz y felicidad.

Durante este período puede haber una revisión de la vida en la que todas las acciones de la persona pasan ante sus ojos. Es como un panorama tridimensional donde ella es parte de la escena. Uno no solo percibe sus propios sentimientos en diferentes situaciones, sino también los sentimientos de los demás. El Ser de Luz le ayuda a la gente a juzgar lo correcto de lo incorrecto y a ver cómo pueden mejorar en el futuro. Algunos mencionaron que se les había dado una oportunidad de quedarse en el más allá o continuar viviendo en el mundo. A otros les dijo, sin que tuvieran ninguna posibilidad de escoger, que debían regresar al mundo. La mayoría dijo que no deseaban regresar de esa región. Como no era el momento de dejar el cuerpo para siempre, fueron regresados de repente al cuerpo. Entonces se vieron de nuevo en el cuarto del hospital o en el lugar donde yacía su cuerpo. Muchos pudieron describir la operación que se estaba practicando o lo que hicieron o dijeron los médicos y las enfermeras durante el tiempo en que estuvieron clínicamente muertos. Para los médicos fue difícil entender cómo las personas que fueron declaradas muertas, pudieron ver y escuchar desde un punto superior por fuera de sus cuerpos.

Estas experiencias de ver la Luz resplandeciente en el límite entre este mundo físico y el más allá quizá suenen bastante extraordinarias. Pero muchos de aquellos que han pasado sus vidas en meditación han experimentado a menudo lo que hay más allá de este mundo. Antes de 1970, era raro escuchar sobre gente que tuvo vislumbres más allá del portal de la muerte. Puede que las hayan tenido pero pocos las contaron a los demás. Fue después de que el Dr. Raymond Moody Jr. publicara su investigación acerca de las personas que tuvieron experiencias cercanas a la muerte, que se presentó más gente para compartir sus experiencias. Aunque existen variaciones en cualquier experiencia cercana a la muerte, hay un elemento común en todas: la experiencia de la Luz interna.

Algunas personas han tenido ECM como consecuencia de un accidente. Hay otras que tienen una experiencia de los mundos del más allá momentos antes de su muerte. Esto les da una sensación de paz al saber que hay una vida en el más allá. Se están haciendo más y más investigaciones sobre este fenómeno. Estas experiencias fuera del cuerpo pueden ser nuevas para la comunidad científica, pero encontramos referencias de ellas en las escrituras y en las vidas de los grandes santos y místicos que hablan sobre su permanencia en el más allá, sobre sus vuelos dentro de las regiones espirituales donde no hay más que bienaventuranza, amor y belleza.

Quienes hagan un estudio comparativo encontrarán que los relatos de estas experiencias sobre la vida después de la muerte, han sido descritos en las diversas escrituras y tradiciones de las diferentes religiones. Los fundadores de algunas religiones y creencias del mundo han hablado de sus viajes al más allá. Encontramos referencias a la vida y a la gran Luz del más allá.

En la Biblia leemos sobre la entrada al más allá:

Entra por la puerta estrecha... Pero es angosta la puerta y estrecho el camino que lleva a la Vida, y son pocos los que lo encuentran.

(Mateo 7:13-14)

El Gayatri, el décimo mantra del décimo sexto *sutra* en la tercera *mandala* del *Rig Veda*, dice:

Pronunciando el sagrado símbolo *"Aum"*, elévate sobre las
    tres regiones,
Y dirige tu atención hacia el Omniabsorbente Sol interno.
Aceptando su influencia, absórbete en el Sol,
Y Él, a su propia semejanza, te hará Omniluminoso.

Gurú Nanak escribió en el Jap Ji:

Sach Khand, el Reino de la Verdad, es el asiento
    del Sin Forma,
Aquí Él trae a la existencia toda la creación,
    regocijándose al hacerlo.
Aquí hay muchas regiones, sistemas celestiales y universos,
Contarlos sería contar lo incontable.
Aquí, desde el Sin Forma,
La altiplanicie celestial y todo lo demás asumió forma,
Todo destinado a moverse según su Voluntad.
Quien sea bendecido con esta visión,
    se regocija en su contemplación.
Pero, oh Nanak, tal es su belleza que tratar de describirla
    es intentar lo imposible.

(Jap Ji, estrofa XXXVII)

Anteriormente, cualquier estudio o discusión sobre la vida después de la muerte, estaba circunscrito al dominio de la religión. No se hacía mención en los colegios, ni en los medios de comunicación, ni siquiera en los hospitales. Si la gente tenía alguna experiencia, la mantenía oculta por temor a ser considerados "mentalmente enfermos" o con alucinaciones. Pero una vez que los médicos y científicos comenzaron a encontrar y documentar casos de experiencias cercanas a la muerte, notaron que esto le sucedía a una cantidad tan numerosa de gente que ya no pudieron descartar la evidencia. La evaluación de la personalidad de la gente que tenía estas experiencias, demostró que las personas que las tenían eran normales y confiables. Las investigaciones de los médicos revelaron asombrosas similitudes que superaban las fronteras de la nacionalidad, religión o trasfondo social. La gente de diferentes religiones y países, quienes nunca habían escuchado sobre las experiencias cercanas a la muerte, describió los mismos incidentes. Hoy en día, estas experiencias han llamado mucho la atención de los medios y se han convertido en temas populares de conversación en los círculos médicos. Esto ha abierto nuestras mentes a nuevas dimensiones que suceden simultáneamente con nuestro propio mundo físico.

¿Podemos ver la Luz sin una ECM?

Con este interés creciente en las experiencias cercanas a la muerte surge otro estudio. La gente está empezando a preguntarse si es posible llegar a estos reinos del más allá sin tener una ECM. Si estos mundos de Luz existen simultáneamente y la gente está entrando continuamente en ellos a través de accidentes casi fatales, entonces ¿por qué no podemos entrar a ellos en otros momentos?

Esta pregunta puede ser nueva para los científicos modernos, pero no lo es para muchos en Oriente, ni para los pensadores de la Nueva Era, ni para los estudiantes de yoga y meditación. En verdad, uno de los propósitos principales de la meditación es tener experiencias del más allá. La meditación proporciona un método sencillo para elevarse por encima de la conciencia del cuerpo de manera fácil y natural. Los estudiantes de esta ciencia han podido tener contacto con la Luz interna. Esta Luz no está allí sólo para quienes cruzan las puertas de la muerte al final de su vida. Está esperando por cada uno de nosotros para que también la descubramos durante esta vida.

Así como la Luz interna es una de las principales características de las ECM, también la mencionan repetidamente quienes se elevan sobre la conciencia del cuerpo por medio de la meditación. Los místicos y santos de diversas religiones nos proporcionan numerosas referencias sobre la Luz interna. Hay descripciones en la Biblia de la Luz divina y los reinos celestiales. Cristo dijo: "Si tu ojo fuera único, todo tu cuerpo estaría lleno de Luz".

Fue en el siglo XV en la India, cuando grandes santos como Kabir Sahib y Gurú Nanak empezaron a enseñar la práctica de la meditación como una ciencia. Enseñaron el arte de elevarse por encima la conciencia del cuerpo para experimentar el más allá. Era una ciencia que cualquier persona podía practicar, independientemente de su trasfondo religioso. Por lo tanto, enseñaron este método tanto a hindúes como a musulmanes. Desde entonces se ha continuado con esta tradición y la práctica de la meditación se ha enseñado como un método que puede ser practicado por personas de todas las religiones, nacionalidades y caminos de la vida. Por medio de este método podemos entrar en las regiones espirituales y encontrar la paz, la felicidad y la bienaventuranza.

Con esta técnica uno puede ver la Luz interna de manera natural, sin necesidad de tener un incidente cercano a la muerte. Es un proceso que se puede realizar a diario en la comodidad de nuestro propio hogar. Muchos ven regularmente la Luz interna. La absorción en esta Luz los ayuda a trascender el cuerpo físico y a comenzar la exploración del más allá. Por medio de la meditación se puede viajar al más allá y disfrutar de la misma bienaventuranza y amor que describieron quienes tuvieron experiencias cercanas a la muerte.

Todos aquellos que han tenido experiencias cercanas a la muerte describen un mundo de Luz. Debemos recordar que estas personas estaban apenas entrando al umbral del mundo espiritual, y luego fueron enviadas de regreso a sus cuerpos para continuar viviendo. Pero aquellos que meditan pueden cruzar más allá del umbral y explorar más aquellas regiones internas. La Luz que la gente describe en las ECM es simplemente el principio. Cuando uno hace exploraciones adicionales, encuentra regiones de Luz aún más brillantes y etéreas. Aquí en este mundo, nunca podríamos imaginar una luz más brillante que el sol. Aquellos que han regresado de la muerte clínica describen una Luz aún más brillante que no afecta los ojos. Similarmente, hay regiones de Luz todavía más brillantes que las descritas por las personas que han tenido experiencias cercanas a la muerte.

ટ**▲**

Las regiones internas

Exploradores de los reinos internos, tales como los grandes santos Kabir Sahib y Soami Ji Maharaj, han descrito una serie de regiones internas de luces variadas. También hablan de la Música celestial interna. Cuando esta corriente de Luz y Sonido fluyó de Dios, creó los diferentes planos. Existe la región puramente espiritual, *Sach Khand*. Luego, el plano supracausal constituido primordialmente de espíritu y un velo delgado de ilusión. Después está una región donde hay partes iguales de espíritu y materia, conocida como el plano causal. El plano astral contiene más materia que el causal. Y el plano físico, donde vivimos, es hecho predominantemente de materia y poco espíritu. Por lo tanto, la densidad de la materia aumentó a medida que la corriente se alejó de Dios.

La mayoría de las religiones enseñan que tenemos un alma dentro de nosotros que sobrevive a la muerte física. Cuando el cuerpo muere, el alma parte. También reconocemos que el alma es de sustancia etérea y no está hecha de materia como el cuerpo físico. Quienes han tenido experiencias cercanas a la muerte se describen a sí mismos como si tuvieran un cuerpo de Luz y ven a las demás personas hechas de Luz. Por esta razón la gente en el plano físico no puede verlos cuando están flotando en el aire sobre sus camas en el hospital mirando a los médicos que tratan de revivirlos. Los científicos han comenzado a preguntarse si este cuerpo de Luz que se eleva sobre el mundo es el alma. Bien sea que lo quieran llamar alma o no, no importa. El hecho es que este cuerpo es de sustancia espiritual. Los místicos y los santos dicen que el alma es de la misma esencia de Dios. La corriente de Luz y Sonido que fluye de Dios también es de esa esencia. La mecánica del proceso de la meditación es conectar el alma dentro de nosotros con la Corriente de la Luz y el Sonido, como un método para viajar fuera de este cuerpo físico. Cuando podemos llevar la atención o alma hasta el punto donde se puede conectar con la corriente de Luz y Sonido, ésta se fundirá en ella para luego viajar juntos hacia los reinos espirituales superiores.

Hasta esta reciente explosión de interés en las experiencias cercanas a la muerte, pocos tenían algún reconocimiento de sí mismos como almas. Nuestra identificación con el cuerpo y la mente es tan fuerte que nos hemos olvidado de nuestra verdadera esencia. El alma es de la misma esencia de Dios. Dios es todo amor, alegría y paz, y nuestra verdadera naturaleza también es amor, alegría y paz. Si podemos volver a identificarnos con nuestra alma, podremos volver a experimentar esta Luz y amor divinos dentro de nosotros. También reconoceremos nuestra inmortalidad. La muerte del cuerpo ya no nos atemorizará, porque veremos durante nuestra vida lo que existe más allá.

ૐ

Cómo visitar las regiones internas por medio de la meditación

Los santos y místicos que han comprobado estas verdades han estado compartiendo este conocimiento con la humanidad. Nos enseñan el método para entrar en contacto con la Luz Interna. Ese método se conoce como meditación en la Corriente de la Luz y el Sonido. La misma corriente divina que fluye de Dios también regresa a Él. Es como un camino real de regreso al Señor. El punto de entrada a dicho camino se ubica dentro de cada uno de nosotros. Los santos son capaces de conectar nuestra alma con ese camino para poder iniciar el viaje de regreso hacia nuestro Creador.

El punto de conexión está localizado en medio y detrás de las cejas, denominado el sexto *chakra* o la décima puerta. Los grandes santos enfatizan la importancia de concentrarnos en este *chakra*, porque ellos saben que el período de nuestra vida es corto. Solo tenemos sesenta, setenta o cien años para realizar a Dios. Los santos nos exhortan a comenzar la concentración desde el punto superior para poder llegar más rápido a la meta. Al contactar la Corriente interna de la Luz y el Sonido en la meditación, podemos viajar sobre ella de regreso a Dios.

Primero, viajamos al plano astral, y experimentamos una región de belleza, bienaventuranza y Luz que sobrepasa cualquier placer de este mundo físico. Experimentamos un deleite y felicidad que colma todo nuestro ser.

Continuando el viaje, entramos al plano causal. La bienaventuranza y embriaguez se hacen más y más grandes a medida que cruzamos cada región superior. Cuando trascendemos el plano causal llegamos al plano supracausal, donde comprendemos que somos almas. En el plano supracausal el alma exclama "*sohang*" o "yo soy Aquello". Finalmente, llegamos a la región puramente espiritual de *Sach Khand*, donde se quitan todos los velos de ilusión y materia, y somos pura alma, pura Luz y pura conciencia. Es aquí donde nos fundimos de regreso en nuestro Señor. La gota de agua se vuelve una con el Océano de bienaventuranza.

Esta experiencia de fundirnos de nuevo en Dios no es de aniquilación en la que perdamos nuestra identidad. En cambio es una en la que nos volvemos omniconscientes. Ganamos toda la Luz, todo el amor, todo el conocimiento y toda la bienaventuranza que es Dios.

Todos tenemos que enfrentar la muerte física, pero aquellos que pueden elevarse sobre la conciencia del cuerpo saben que no hay muerte. Es simplemente cambiar el cuerpo físico por uno más liviano y etéreo. Es como quitarse un abrigo teniendo otro más delgado por debajo. Con el conocimiento de lo que hay después de esta vida, también nos volvemos una fuente de fortaleza y alivio para quienes nos rodean. Podemos hablar con certeza cuando compartimos con los demás el conocimiento de que la muerte no es sino un cambio de una forma de existencia a otra.

❧

Transformación por medio del viaje interno

Cuando meditamos y contactamos la fuente de todo el amor internamente, comenzamos a irradiar ese amor a los demás. Hemos leído sobre la increíble transformación que han tenido las personas que tuvieron experiencias cercanas a la muerte. Su breve contacto con el Ser de Luz y la revisión de sus vidas les hacen comprender instantáneamente qué es lo importante en la vida. Se dan cuenta de que no pueden llevarse nada de este mundo físico. Lo único que les acompaña es su alma y el registro de sus pensamientos, palabras y acciones. Ven la importancia de ser amorosos y serviciales con los demás en este mundo. Eso es lo que cuenta en el otro mundo. Descubren que las cosas pequeñas de la vida que les causaron estrés y tensión, no son tan importantes cuando se dan cuenta que este mundo físico no es una realidad sino una ilusión, y cuando comprenden que su verdadero ser no es el cuerpo sino el alma. Entonces rectifican sus acciones cuando regresan a la vida. Comprenden que hay un propósito superior en la vida, y ese propósito es realizar nuestro verdadero ser y realizar a Dios. Valoran las relaciones de cariño con los demás y la importancia del servicio a la humanidad en este mundo. Comienzan a preocuparse por la gente y a tratar de darle alegría a los demás.

En la meditación nos sucede este mismo tipo de transformación. Comenzamos a irradiar amor a toda la humanidad. Cuando nos ponemos en contacto continuo con la Luz y el amor dentro de nosotros, esa divinidad comienza a irradiar hacia todos aquellos con quienes nos encontramos. Comenzamos a amar a todos los que nos rodean, y los demás derivan gran paz y solaz de nuestra presencia. Empezamos a desarrollar amor por toda la creación. Nos volvemos amables y amorosos con todos, incluyendo los animales y las especies menos evolucionadas. Así como no pensaríamos en herir a ningún miembro de nuestra familia, de igual manera nos volvemos amorosos y respetuosos con la gran familia de Dios. Nos convertimos en la morada de todas las virtudes éticas.

Si todos aprendiéramos el arte de la meditación, este mundo se llenaría de gente pacífica y bondadosa. Terminarían las guerras y los conflictos. Cada uno de nosotros obtendría la paz y la felicidad internas, y las irradiaríamos a todos los que nos rodean. No solo tendríamos paz interna, sino también paz externa. Entonces podríamos afirmar como lo hizo Sant Darshan Singh en uno de sus versos:

> He aprendido a amar como mía la creación entera,
> Tu mensaje de amor es el sentido mismo de mi vida.

Los santos y místicos vienen a compartir con toda la humanidad la Luz, la paz y la felicidad que ellos encontraron. Vienen a mostrarnos la Luz para que podamos experimentar más felicidad, tranquilidad y paz de las que jamás imaginamos. No tenemos que esperar hasta la muerte para experimentar los mundos del más allá. Para encontrar la Luz interna ni siquiera necesitamos una experiencia cercana a la muerte con todo el trauma físico que esto acarrea. Esta Luz nos está esperando a todos en este mismo momento. Todos podemos encontrarla por medio de la meditación.

EJERCICIO

- Mantenga un archivo con artículos de prensa y revistas sobre ECM. Busque las características similares en dichas experiencias.
- Siéntese en meditación. Lleve un diario de cualquier experiencia suya que contenga elementos de una ECM.
- Apunte cualquier transformación positiva que le suceda como resultado de su meditación.

NUEVE

El poder sanador de la meditación

---

*E*n las últimas décadas, la gente se ha dedicado a buscar formas de curar su cuerpo, mente y alma con el fin de llevar una vida más plena. Rápidamente se han extendido muchas técnicas nuevas en todo el mundo para ayudarles a las personas a curarse a sí mismas física, mental, emocional y espiritualmente.

Se han conocido varios métodos de medicina alternativa para ayudar a que las personas tengan cuerpos saludables. Muchos procesos nuevos en el campo de la autoayuda y la transformación personal han ganado popularidad en lo concerniente a que la gente se sienta mejor emocional y mentalmente. También se han explorado muchos senderos con miras a contribuir en el desarrollo espiritual de las personas.

Cuando reflexiono acerca de los métodos que han florecido para recobrar la salud, mi atención se dirige hacia una técnica que aprendí de dos grandes Maestros, Sant Kirpal Singh Ji Maharaj y Sant Darshan Singh Ji Maharaj, quienes estuvieron en contacto con el poder sanador latente en el interior de todos nosotros. En el interior de cada persona hay una energía espiritual que tiene el poder de transformarnos en seres realizados. La meditación es la técnica por la cual podemos encontrar este poder latente. Una vez que somos tocados por este poder curativo proveniente de nuestro interior, experimentamos una profunda transformación. Experimentamos la curación del cuerpo, la mente, el corazón y el alma.

¿En qué consiste este poder sanador y cómo podemos entrar en contacto con él? No me refiero al poder sanador practicado por la gente que se llama a sí misma curandera y que sanan el cuerpo físico de otros, mediante la imposición de las manos o el uso de poderes psíquicos. Me refiero a un poder con el cual sanamos nuestro cuerpo, mente, corazón y alma, al conectarnos con la corriente sanadora que ya existe en nuestro interior. Esta corriente sanadora es conocida como la Corriente de la Luz y el Sonido, y es mencionada en todas las religiones del mundo como el Verbo, *Logos, Naam, Shabd, Bani, Jyoti* y *Sruti, Kalma, Sraosha, Baang-e-Asmani*, la Voz del Silencio y por muchos otros nombres. Mediante la meditación podemos contactarnos con esta corriente y obtener numerosos beneficios.

¿▲·

Sanación del cuerpo físico por medio de la meditación

Para comprender cómo la meditación puede curar nuestro cuerpo físico, primero necesitamos entender cómo se producen las enfermedades y dolencias. Hay diferentes causas que provocan afecciones físicas. Tocaremos tres de ellas.

En primer lugar, ciertas enfermedades se producen debido a la ley de acción y reacción. En Oriente a ésta se le llama la ley del karma, por la cual somos premiados por nuestros buenos actos y castigados por nuestros malos comportamientos. Tal vez no recibamos la recompensa o el castigo de inmediato, pero éstos se acumulan en un depósito. En un futuro, la ley de justicia del universo hará que cada uno de nosotros reciba aquello que merece. Se dice que algunas enfermedades y accidentes que nos ocurren a pesar de todas las precauciones y cuidados son la reacción o el karma por lo que hemos hecho en el pasado. A menudo, no somos conscientes del acto por el cual somos castigados. Puede haber ocurrido en el curso de esta vida presente o como es aceptado en Oriente, puede ser resultado de acciones cometidas en vidas anteriores.

Estas enfermedades y desgracias no se pueden evitar. Sin embargo, la meditación nos puede ayudar de dos maneras diferentes. Primero, eleva nuestra atención hacia planos de conciencia más altos para que no sintamos los efectos del dolor. Entramos en contacto con una corriente de bienaventuranza y felicidad que retira nuestra atención de los sufrimientos de este mundo. Cuando Sant Kirpal Singh tuvo que ser sometido a una cirugía, los doctores le aplicaron anestesia para que perdiera la conciencia. Sin embargo, los médicos se quedaron atónitos al ver que él no perdía el conocimiento y que permanecía consciente. Finalmente, Sant Kirpal Singh les preguntó qué era lo que esperaban obtener con las inyecciones. Le respondieron: "Queremos que pierda el conocimiento". Él les contestó: "¿Cómo pueden hacer que un ser consciente pierda la conciencia? Si ustedes quieren que retire mi atención del cuerpo, así lo voy a hacer, pero sus drogas no lo lograrán". Apenas terminó la cirugía, Sant Kirpal Singh abrió sus ojos. El cirujano a cargo se quedó muy sorprendido al ver que una persona pudiera volver en sí tan rápido, bajo el efecto de tanta anestesia. Él había retirado conscientemente su atención del cuerpo solamente por el tiempo que duró la intervención. Los presentes se dieron cuenta que estaban frente a un ser que podía controlar el retiro de sus corrientes sensoriales y regresar a la conciencia del cuerpo físico a voluntad. Gracias al dominio de la meditación, logramos esta misma capacidad y de esta manera obtenemos un refugio de bienaventuranza y paz interna, lejos de las tribulaciones y el dolor.

Por otra parte, la meditación nos ayuda a minimizar los efectos de la ley del karma, porque evita que creemos nuevos karmas que tendríamos que pagar un tiempo después. Cuando meditamos, nos conectamos con una corriente de poder espiritual. Durante ese tiempo no creamos karma nuevo, sea éste bueno o malo. En una meditación correcta, cuando nuestro cuerpo y mente están en calma, no nos distrae ningún asunto de este mundo, por ello no tenemos ni buenos ni malos pensamientos, palabras u obras. Durante la meditación no pensamos, hablamos ni actuamos. Por esta razón el tiempo dedicado a la meditación es un tiempo en el cual no generamos ningún tipo de karma nuevo por el cual nuestro cuerpo tenga que cosechar sus frutos. Esta es una medicina preventiva verdadera, ya que evitamos crear un karma que pueda originar enfermedades o accidentes futuros.

Una segunda razón por la cual nos enfermamos es porque quebrantamos las leyes de la naturaleza. Algunas personas creen erróneamente que cada vez que se resfrían están pagando karma, pero este no es necesariamente el caso. Si no tomamos las precauciones de higiene necesarias y le damos la mano a alguien que está resfriado y después nos frotamos los ojos o comemos sin habernos lavado las manos primero, entonces es posible que también contraigamos un resfrío. Si hubiéramos tomado las precauciones necesarias, habríamos podido evitar el virus. Si no somos cuidadosos al partir una zanahoria con un cuchillo, nos podemos cortar. No podemos culpar al karma por cada enfermedad o desgracia. A Sant Darshan Singh le preguntaron una vez cómo podíamos distinguir cuando una enfermedad era causada por el karma. Dio esta pauta: "Si a pesar de todas las precauciones que tomen, surge una enfermedad o accidente sin motivo alguno, entonces tómenlo como un karma que debe ser pagado. Pero si es por transgredir las leyes de la naturaleza, ella cobrará su justo precio". Por ello algunas dolencias aparecen solamente porque nos exponemos a situaciones en las que quebrantamos las leyes de la naturaleza.

La meditación nos puede ayudar. Nos volvemos más conscientes de nuestras acciones y tomamos más precauciones para respetar las leyes de la naturaleza. Además, si nos enfermamos porque violamos estas leyes, podemos dedicar tiempo a la meditación para elevarnos por encima del malestar y encontrar consuelo y paz por encima de la conciencia del dolor corporal. Simplemente observemos las experiencias cercanas a la muerte. Vemos que las personas que sufrieron accidentes supremamente dolorosos fueron elevadas por encima del dolor cuando dejaron el cuerpo físico. Ellos vieron desde arriba sus cuerpos con heridas y traumas, pero no sintieron dolor físico hasta que volvieron al cuerpo. Esto es similar al estado que produce una meditación consciente, y nos da una idea del poder que nos ampara del dolor cuando perfeccionamos nuestras meditaciones.

La tercera razón por la cual nos enfermamos es la conexión que existe entre el cuerpo y la mente. Investigadores médicos han vinculado ciertas enfermedades con nuestro estado mental o con nuestra condición emocional. Ellos han descubierto que cuando tenemos tensión mental, sufrimiento emocional o depresión, nuestra resistencia física a la enfermedad decae. Estamos más susceptibles a enfermarnos, debido a que disminuye nuestra capacidad para mantener nuestro sistema inmunológico en óptimas condiciones de funcionamiento. La ciencia ha puntualizado que ciertas enfermedades tales como los trastornos del corazón, los problemas digestivos, los problemas respiratorios, las jaquecas y los dolores de cabeza, para nombrar solamente algunas, están relacionadas con el estrés. Se ha demostrado que dedicar un tiempo regular a una meditación bien hecha, reduce la tensión. Muchos centros médicos y hospitales ofrecen clases de meditación como un medio para reducir la tensión y eliminar ciertas enfermedades. La meditación puede ayudarnos a curar nuestro cuerpo físico al sanar nuestra mente y nuestro estado emocional.

❧

Sanación de la mente por medio de la meditación

En este mundo convulsionado, nuestra mente está a menudo agitada por el estrés y las presiones. La vida se ha vuelto muy complicada, parece que la gente tuviera demasiadas cosas que hacer y no dispusiera del tiempo suficiente para llevarlas a cabo. Algunas personas tienen trabajos que demandan mucho tiempo y mucha responsabilidad. Otras personas trabajan en dos empleos para mantener a su familia. El exceso de tensión con frecuencia hace que las personas "se trastornen", se vuelvan irritables, desequilibradas y tensas. Comienzan a actuar como si no fueran ellas mismas. A veces, descargan sus frustraciones en sus seres queridos, hiriendo a aquellos que deberían amar más.

La meditación es un camino para eliminar la falta de equilibrio causado por el estrés mental. Al dedicar tiempo a la meditación, creamos un refugio de calma en el cual podemos restaurar la paz y el equilibrio necesarios para nuestro funcionamiento mental. Investigadores han señalado que la actividad cerebral de las personas que meditan funciona entre 4 y 10 Hertz, que es un estado de relajación profunda. Sus mentes se calman y también sus cuerpos se tranquilizan. Si pudiéramos dedicar diariamente algún tiempo a la meditación, encontraríamos que nuestro nivel de tensión se reduciría.

Además de reducirse el estrés durante la meditación, hay un efecto posterior. Somos capaces de mantener mayor paz mental al continuar nuestras actividades diarias. Al perfeccionar nuestras meditaciones, podremos mantener ese estado de calma mental inclusive en medio de la lucha y el desorden diarios. Descubriremos que estamos en mayor control de nuestras reacciones y mantendremos el equilibrio frente a los conflictos de otras personas.

Otro efecto de la meditación es el cambio en nuestra perspectiva. Cuando nos elevamos por encima de la conciencia del cuerpo, descubrimos que nuestra existencia abarca mucho más que aquello que experimentamos en este mundo físico. Nos volvemos más desapegados de los acontecimientos y problemas que hubieran podido afectarnos en el pasado. Divisamos una perspectiva más vasta y descubrimos los elevados valores de la vida. Las personas que han tenido experiencias cercanas a la muerte mencionan que aquello que es realmente importante es ser amoroso y ayudar a los demás. Las pequeñas bagatelas de la vida dejan de afectarlos, porque se han dado cuenta que cuando se abandona el mundo, lo más importante es cuán amorosa y generosa es una persona en la vida. La meditación nos provee el mismo punto de vista. De esta manera, no nos dejamos enredar en todas las trivialidades de la vida, sino que permanecemos enfocados en las metas más elevadas.

Por consiguiente, mediante la meditación, sanamos nuestro estado mental y con el tiempo, desarrollamos el equilibrio necesario para actuar en este mundo con más eficiencia y paz.

❧

Sanación del sufrimiento emocional por medio de la meditación

En las últimas décadas, la familia ha cambiado drásticamente. Ya que tanto el padre como la madre tienen que trabajar, la gente tiene cada vez menos tiempo para dedicarles a sus hijos. Los niños son criados por niñeras, guarderías y otros centros de cuidado infantil. Con la ruptura de las familias grandes, los niños ya no tienen un contacto fácil con sus abuelos y tíos para que los cuiden cuando sus padres trabajan. Cada vez menos niños reciben el amor y la atención necesarios para volverse seres realizados y sanos emocionalmente.

Observamos también un aumento en el número de relaciones conflictivas, adicciones a la droga y al alcohol, abusos infantiles y familias disfuncionales. Con el énfasis que la sociedad occidental ha puesto en la conquista académica y la preparación profesional, no hemos consagrado mucho tiempo para aprender cómo desarrollar la capacidad de vivir un matrimonio feliz y enfrentar la angustia emocional. El resultado es un incremento del número de personas con problemas emocionales. Lo que se solía considerar un problema de pocos, el dolor psicológico y emocional ha llegado a ser un problema de masas.

Según muchos psicólogos estos sufrimientos son vestigios de una niñez carente. La "sanación del niño interior" es una frase popular en Occidente, y se refiere a los sentimientos que nos afectaron en nuestra niñez y que nunca fueron sanados. Pudimos haber sido heridos y maltratados por nuestros padres. Tal vez no nos sentimos amados, sino descuidados, abandonados, rechazados y humillados. Cuando los adultos que juegan un papel importante en la vida de un niño no le ayudan a resolver esos sufrimientos, esa persona lleva aquellas heridas hasta la edad adulta. Es como si su crecimiento emocional estuviese frustrado a nivel de su infancia. Mientras que las personas crecen y tienen un cuerpo adulto y una capacidad mental adulta, sus emociones siguen funcionando a nivel infantil. Por ello, cuando otros adultos los hieren, critican, rechazan o tratan sin amor, aquellos adultos que traen esos problemas desde su infancia reaccionan como lo hicieron cuando eran niños: lloran, hacen una escena, escapan, huyen, se enfurecen y actúan como niños en medio de otros adultos. El dolor de la crisis reabre las heridas de su infancia y padecen el mismo sufrimiento una y otra vez como adultos. Cada vez que son lastimados, la herida crece. En lugar de sanarse, el trauma aumenta y por último llegan a ser tan sensibles que algunos inclusive desarrollan neurosis, razón por la cual no pueden enfrentar situaciones de la vida adulta. Comienzan a rechazar a la gente, están siempre a la defensiva y actúan agresivamente aún en situaciones de conflicto de poca envergadura.

La meditación puede complementar las diferentes terapias que la gente adopta para sanar su dolor emocional. Las personas tratando de superar sus problemas emocionales con la guía de especialistas pueden acelerar su sanación con la meditación. Ayuda a sobrellevar el dolor emocional de diferentes maneras. Al elevarnos por encima de la conciencia del cuerpo, vemos nuestras vidas desde una perspectiva más amplia. Comenzamos a reconocer las causas de nuestros sufrimientos y podemos comenzar a resolver estos conflictos. Mucha gente ni siquiera es consciente de por qué actúan y sienten así. Al elevar nuestra conciencia, llegamos a ser conscientes de las causas de nuestros sentimientos, de allí podemos identificar los aspectos de nuestra vida que debemos mejorar. En la meditación entramos en contacto con la fuente de todo amor. La Corriente de la Luz y el Sonido es de la misma esencia que nuestra alma y que la del Alma Suprema. Esa esencia es amor, conciencia y bienaventuranza. Cuando la contactamos experimentamos el amor divino, nos conectamos con el amor de Dios latente en nuestro interior. Se dice: "Dios es amor, el alma es amor y el camino de regreso a Dios es a través del amor".

Es posible que no hayamos sido amados cuando niños y puede ser que todavía estemos sufriendo por esas heridas. Pero el contacto con el amor divino llena ese vacío con más amor del que nunca antes habíamos podido imaginar. Podemos tener una idea de ese amor al leer acerca de las personas que tuvieron experiencias cercanas a la muerte. Describen que llegaron a la presencia de un ser de luz que irradiaba tanto amor como nunca sintieron en su vida entera. En realidad ese amor era tan profundo y grande que muchos no querían regresar al cuerpo. Sin embargo, una experiencia cercana a la muerte solo bordea el umbral de las regiones superiores. Aquellos santos y fundadores de las diferentes religiones, quienes llegaron más alto a través de la oración y la meditación, han descrito el amor desbordante que experimentaron en el más allá. Santa Catalina de Siena lo describe como el matrimonio místico con Dios. Los místicos y santos de la India y de Persia se refieren a la unión con Dios como un matrimonio eterno con el amado. El vacío del corazón dejado por los sufrimientos de nuestra infancia es llenado al estar embebido en ese amor. Por todo ello, la meditación puede ser un proceso efectivo para curar las angustias emocionales.

ૐ

Sanación del alma por medio de la meditación

Mucho más intenso que el dolor del cuerpo, de la mente y de las emociones es el dolor del alma. El hambre de Dios provoca un dolor mucho más profundo que cualquier otra clase de aflicción. San Juan de la Cruz se refiere a este dolor como "la noche oscura del alma". Queremos ver a nuestro Hacedor, queremos conocer la verdad ulterior y queremos develar los misterios de nuestra existencia; sin embargo no encontramos las respuestas. Sant Kirpal Singh dijo: "Tan pronto el interés por conocer el misterio de la vida invade nuestro corazón, no podemos descansar hasta alcanzar la respuesta". En efecto, él mismo suplicaba de día y de noche, con los ojos llenos de lágrimas, que lo condujera a alguien que pudiera darle la respuesta a estos misterios.

Cuando el hambre espiritual se apodera de nosotros, comenzamos nuestra búsqueda. Este es nuestro despertar espiritual. Tal vez busquemos respuestas en nuestras religiones. Quizá leamos las escrituras, asistamos a lugares de devoción y practiquemos ritos y ceremonias. Si no encontramos las respuestas en esos lugares, es posible que exploremos otras religiones u otras doctrinas. Si tampoco encontramos las respuestas en ellas, entonces es probable que optemos por un tipo de yoga u otra disciplina espiritual. Por último, cuando analizamos los senderos que siguieron quienes encontraron las respuestas, tales como los santos, los místicos, los fundadores de las diferentes religiones y los Maestros espirituales, llegamos a la misma conclusión: el camino está en el interior y podemos alcanzarlo mediante la meditación.

La meditación puede elevar nuestra alma a los reinos donde se encuentran las respuestas a todas nuestras inquietudes espirituales. Podemos elevarnos a las regiones que nos aguardan cuando dejamos nuestro cuerpo físico en el momento de la muerte. La incógnita palpitante, "¿a dónde vamos después de la muerte?", será contestada por haber viajado allá mediante la meditación. La muerte no nos asustará más, ya que hemos visto por nosotros mismos que ella nos conduce a mayor bienaventuranza, dicha y amor de lo que jamás podríamos haber imaginado.

Nos vemos como almas, como la Luz de Dios y sabemos que somos gotas del Alma Suprema. Por último, alcanzamos el estado en el cual nos fundimos en Dios y llegamos a ser toda conciencia. Es en este estado de unificación que nuestra sed espiritual se mitiga. No suspiramos más por el amor sino que llegamos a ser el amor mismo.

❧

Sanación del mundo por medio de la meditación

Cuando cada persona cura su sufrimiento y logra la realización por medio de la meditación, ocurre otro fenómeno. Cada individuo llega a ser un instrumento que contribuye a sanar al planeta. Cuando encontramos la paz en nuestro interior, cuando nuestras aflicciones a nivel físico, mental, emocional y espiritual son mitigadas, irradiamos esa paz a los demás. Ya no somos la causa del conflicto, sino la solución. No herimos a los demás en pensamiento, palabra o acto. Por el contrario, somos quienes ungimos sus heridas con bálsamo.

Cuando nos elevamos por encima de este mundo mediante la meditación, vemos la Luz de Dios en todos y amamos la creación entera como la familia de Dios. Cada uno de nosotros llegamos a ser un instrumento de paz y buena voluntad, un embajador del amor. Si cada persona ofreciera su presencia consoladora a aquellos con quienes entrara en contacto, no tardaría mucho el hecho de que pudiéramos sanar al mundo de las heridas de la guerra, el odio y los actos inhumanos. La paz se consolidaría y sería el preludio de la Edad de Oro de la espiritualidad.

La solución para todos nuestros sufrimientos y los sufrimientos del mundo no es onerosa, es una solución sin costo, al alcance de todo ser humano viviente en este planeta. Al dedicar algún tiempo diario a la meditación, estaremos en contacto continuo con el poder curativo que puede transformar nuestras vidas y que nos brinda la solución y el consuelo que necesitamos para vivir una existencia pacífica y feliz.

✸

EJERCICIO

En una hoja de papel, haga dos columnas. En la primera, enumere cómo experimenta el dolor y el sufrimiento de manera física, mental, emocional y espiritual. También considere las formas de sufrimiento que ocurren en el mundo a su alrededor. Luego, siéntese en meditación según las instrucciones en el capítulo cuatro. Cuando termine, vuelva a leer la lista. Reflexione sobre las distintas maneras en que la meditación puede ayudarle a sanar los dolores y sufrimientos que aparecen allí. Escriba estas maneras en la segunda columna.

Cada vez que se encuentra padeciendo de cualquier forma de dolor o sufrimiento en su lista, mire la segunda columna e identifique cómo la meditación le puede brindar ayuda. Después, siéntese en meditación y experimente el poder sanador interno del alma.

PARTE II

Transformación personal

DIEZ

Transformación personal por medio de la meditación

En los laboratorios donde ensamblan computadores, hay cuartos especiales para armar ciertos componentes. Estas piezas son tan diminutas y sensibles que si les cae la más pequeña partícula de polvo pueden funcionar mal. Para prevenir que las partículas dañen los componentes, el trabajo se hace en cuartos aislados y estériles. Quienes trabajan allí deben usar tapabocas y guantes para eliminar toda posibilidad de contaminación de los instrumentos.

En el campo de la medicina, cuando alguien sufre una enfermedad contagiosa, se adoptan precauciones para que los gérmenes no se propaguen a los demás. Hay ciertas enfermedades que, por transmisión del más pequeño virus, pueden ser mortales. El cuidado que observamos para proteger nuestros cuerpos y la precaución con que se manufacturan los instrumentos científicos, me recuerda el cuidado que debemos tener con nuestra alma.

Nuestro verdadero ser es el alma. Pensamos que somos el cuerpo físico que nació en cierta fecha y que estará con nosotros hasta el día de la muerte física. Pero nuestro verdadero ser existía antes del nacimiento y continuará existiendo después de la muerte. Es importante que cuidemos de nuestro cuerpo físico porque debemos estar en forma para desempeñarnos efectivamente en este mundo. Es importante desarrollar nuestra mente para hacer el trabajo de manera productiva y satisfactoria. Pero el cuerpo y la mente sólo estarán con nosotros durante sesenta, setenta o quizás cien años. Lo que sucede con nuestra alma es un asunto de eternidad. Esto determina nuestro destino por vidas y eones por venir. Necesitamos comprender cómo identificarnos con el alma y cuidar su condición, para poder alcanzar la conciencia espiritual.

৵

El efecto del pensamiento sobre nuestra meditación

Mientras la atención esté enfocada en el mundo circundante, en nuestro cuerpo físico y en el constante flujo de pensamientos, no podremos concentrar nuestras corrientes sensoriales en el asiento del alma. Para contactar con éxito la Luz y el Sonido internos durante la meditación, necesitamos desarrollar la concentración. Si tratamos de meditar sólo unos pocos minutos, vemos cómo nos distraen los pensamientos. Comenzamos a recordar lo que hemos hecho y dicho, y nuestras interacciones con los demás. Comenzamos a cavilar tristemente sobre el pasado y a preocupamos por el futuro. La mente nos mantiene ocupados con un constante flujo de pensamientos e ideas que nos impiden concentrarnos. La meditación requiere quietud y equilibrio mental. Nuestro éxito en alcanzar la conciencia espiritual depende de nuestra habilidad para aquietar la mente durante el período de la meditación.

Lo que pensamos, decimos y hacemos en la vida diaria tendrá un gran impacto sobre nuestro estado mental cuando meditamos. Bastaría comparar nuestro propio estado mental después de haber pasado un día maravilloso y apacible con nuestros seres queridos, con el que tenemos después de un día lleno de discusiones con el jefe en la oficina. Cuando nuestro día es pacífico, es mucho más fácil calmar la mente para la concentración. Pero cuando somos acosados por los problemas, se requiere de un esfuerzo monumental para olvidarlos y sentarnos tranquilos y sosegados. La clave para el logro de la conciencia espiritual yace en vivir de tal manera que mantengamos la calma y el equilibrio mental a toda hora. Una vez que aprendamos este arte, seremos capaces de entrenar nuestra mente y sentarnos con la quietud necesaria para ingresar a los reinos del espíritu.

Nuestra alma no puede entrar a los reinos espirituales mientras no se libere de todas las impurezas. Esta es una ley sencilla. Si nuestra mente está impregnada de pensamientos negativos, no podemos sentarnos quietos a meditar. Mientras no meditemos con una concentración plena, sin vacilaciones, no podremos recoger nuestra alma en el punto desde donde puede viajar sobre la Luz y el Sonido hacia los reinos superiores. Por esta razón, los místicos y santos a través de los tiempos, han enfatizado la importancia de llevar una vida ética. El desarrollo de las nobles virtudes nos ayuda a recuperar el estado original del alma cuando era una con Dios. Ese estado es puro espíritu, puro amor y pura conciencia.

∂✿

Cómo purificar nuestra alma

Si nos analizamos, veremos que nuestra alma se encuentra escondida debajo de una capa de impurezas ocasionada por innumerables pensamientos, palabras y actos generados a lo largo de nuestras vidas. Las almas iluminadas le han estado enseñando a la humanidad cómo cambiar los hábitos negativos, para que el alma pueda alcanzar el estado de pureza de pensamiento y ecuanimidad para tener éxito en la búsqueda espiritual. Ellos mismos se han liberado de las garras de la mente, la materia y la ilusión. Conocen el camino a través de los mares traicioneros y pueden ofrecernos la guía para que también podamos llegar a salvo hasta el final del viaje.

Para reunirse con Dios, nuestra alma debe estar libre de todo lo que no sea espiritual, que no sea conciencia, que no sea amor. La entrada a los reinos espirituales está abierta solamente para quienes tienen pureza en su alma. En este mundo necesitamos calificaciones correctas para ingresar a la universidad o a cierto trabajo. Similarmente, Dios tiene ciertos requerimientos para que las almas regresen a su dominio. El requisito básico es la pulcritud del alma, ni siquiera se admite una partícula de impureza. Con millones de impresiones negativas que nos cubren, ¿cómo podemos esperar que algún día seamos purificados?

El tiempo que pasamos en la meditación y en el desarrollo de las virtudes éticas, está dentro del ámbito de nuestro libre albedrío. Si pasamos tiempo en la meditación, estamos protegiendo nuestra alma de las manchas de cualquier karma nuevo, de la acumulación de todos nuestros pensamientos, palabras y actos, por los que tendremos que dar cuentas.

Es importante que comprendamos cómo la práctica de la meditación y de la vida ética son el peldaño hacia el reino de Dios.

El proceso de la meditación en la Luz y el Sonido internos contribuye a purificar nuestra alma. En este proceso enfocamos nuestra atención en el tercer ojo u ojo único localizado en medio y detrás de las cejas. Nos sentamos en una postura relajada y cómoda en la que podamos permanecer el mayor tiempo posible. Durante este lapso retiramos nuestra atención temporalmente del mundo, del cuerpo y de los pensamientos. Entonces la mente debe aquietarse para ver las manifestaciones internas de Dios.

En la meditación debemos controlar la mente, cuya función es mantenernos atados al mundo externo. Ella tratará de generar un pensamiento tras otro. La mente es un agente poderoso que ama el involucrarse en las atracciones del mundo. Mientras nuestra alma se identifique con la mente también será arrastrada por las tentaciones del mundo. La fuerza de la mente es uno de los mayores obstáculos en nuestro sendero de regreso a Dios. Nos mantendrá acumulando más y más karma en nuestro depósito, el cual ya está lleno.

Son tres las clases de karmas que acumulamos. Está el *sanchit* o karma almacenado. Estos son karmas que acumulamos en nuestras vidas anteriores. Luego está el *pralabdha* o karma destino. Esta es una porción de nuestro karma *sanchit* o karma almacenado, que ha sido asignado para nuestra vida actual. Finalmente está el *kriyaman* o karma diario. Estos son los nuevos karmas que estamos creando en nuestra vida actual. Al final de nuestra vida, los karmas *kriyaman* entran a formar parte de nuestros karmas almacenados. Observando estos tres tipos de karmas, es posible ver por qué nuestra bodega está llena y lo difícil que es deshacernos de su influencia.

Mientras mayor sea el contacto con la Luz interna, más se limpiará nuestra alma de estos karmas. Se volverá más y más pura hasta que esté lista para volver a entrar en los reinos espirituales de pureza.

Muchos creen que los actos buenos pueden llevarnos de regreso a Dios. Muy pocos se dan cuenta que aún los buenos actos aumentan el depósito de los karmas. Si hacemos buenas o malas acciones, aún estamos realizando actos por los que tenemos que recibir recompensa o castigo. El Señor Krishna ha dicho que tanto las buenas como las malas obras son como cadenas de oro o de hierro que nos mantienen atados a este mundo. Pero el tiempo pasado en meditación y el recuerdo de Dios ni crea nuevos karmas ni nos ata al mundo. Esta es una actividad que nos ayudará a acelerar nuestro viaje de regreso a Dios.

❺

El poder transformador de la meditación

La Luz y el Sonido forman una corriente de amor. Cuando meditamos, el amor de Dios toca nuestra alma. Impregna nuestro ser y nos llena de amor y bienaventuranza. El contacto con este poder arrobador nos transforma en lo que Él es. Como resultado nos volvemos más amorosos. Desarrollamos una dulzura y bondad que se irradian desde nuestra misma alma.

En este estado, ya no nos involucramos en los vicios que mancillan el alma. Desarrollamos un corazón amoroso y no podemos ofender ni herir a nadie. Sólo podemos hablar y actuar bondadosamente. Nos volvemos pacíficos y menos susceptibles a la ira. Nos volvemos dulces, amorosos y humildes. Como solía decir Sant Darshan Singh: "Cuando estamos ensimismados en el amor de nuestro Amado, ¿dónde está el tiempo para pensar en los demás? ¿Dónde para dedicarnos a chismosear y criticar?". Al absorber nuestro corazón y alma en el amor del Creador, nuestra vida se vuelve más espiritual y más sublime.

La meditación diaria nos ayuda a contrarrestar las influencias e impresiones negativas que recibimos durante nuestra vida diaria en el mundo. La atracción del mundo es muy fuerte y necesitamos toda la ayuda que podamos conseguir para impulsarnos hacia nuestra meta. El alma, que es de la misma esencia de Dios, encuentra bienaventuranza inefable en la conciencia pura. Una vez que probamos de las aguas divinas de la Corriente del Sonido interno, queremos beber más y más de ellas. Esto dirige nuestra atención hacia la meta de viajar hacia las regiones celestiales. Dejan de atraernos los placeres externos.

También estamos a salvo de los rasgos negativos que resultan de cada tentación externa. Al no estar atrapados en los deseos mundanos, tenemos menos ira, menos codicia, menos egoísmo y somos menos posesivos. Como nuestra meta es llegar a los mundos internos, empiezan a desvanecerse lentamente todos los hábitos negativos resultantes de los apegos mundanos.

El desarrollo de las virtudes éticas es un factor indispensable para recorrer el camino de regreso a Dios. Una forma de desarrollar estas virtudes es simplemente sumergirnos en el mar del amor y absorbernos de tal manera que no tengamos tiempo ni interés de involucrarnos con hábitos y defectos negativos. Estaremos tan perdidos en el amor de Dios que no habrá tiempo para criticar a nadie ni meternos en pequeñas disputas. No tendremos tiempo para pelear por las posesiones. En cambio, estaremos interesados en unir nuestra alma con Dios y dedicar tiempo a aquellas actividades que nos hagan avanzar más rápido hacia esa meta.

Mientras no alcancemos ese estado, tenemos que desarraigar día a día, con firmeza, cada una de nuestras fallas éticas. Estas deben ser reemplazadas por las virtudes positivas de la no violencia, la veracidad, la pureza, la humildad, el servicio desinteresado y la dieta vegetariana. Desearemos evitar las drogas alucinógenas y el alcohol, los cuales disminuyen nuestra conciencia y son un obstáculo en la meta de volvernos más conscientes. Mientras continuemos teniendo esta clase de fallas, ensuciaremos el alma con más y más manchas, y más y más karma. Al final de cada día, tenemos que evaluar nuestros pensamientos, palabras y actos, y hacernos más conscientes de nuestras fallas en cada categoría. Luego resolvemos mejorar al día siguiente y eliminar estas deficiencias.

Si deseamos llegar a Dios durante esta vida, debemos dedicar tiempo a la meditación todos los días. No podemos deshacer nuestro largo pasado, pero sí podemos encargarnos de nuestro futuro. Podemos usar nuestro discernimiento para tomar decisiones que le ayuden a nuestra alma a alcanzar su meta eterna durante esta misma vida. Los Maestros espirituales nos han dado un plan detallado para nuestra transformación personal. Depende de nosotros el que demos el primer paso.

EJERCICIO

Obsérvese durante unos días. Anote el número de veces en que son perturbadas la calma y la tranquilidad de su mente. Mantenga un registro de los asuntos que perturban su paz. ¿Es la ira? ¿La codicia? ¿El ego?

Cuando aparezcan pensamientos que perturban su calma, dígase a sí mismo: "Esto perturbará la paz mental que necesito para tener una meditación fructífera". Analícese y observe cómo puede reducir el número de perturbaciones día a día.

ONCE

Una forma de vida no violenta

———

Si revisamos las páginas de la historia encontramos relatos sobre guerras y conquistas. En algún momento una nación puede ser la conquistadora y luego, un siglo más tarde, la conquistada. Las tierras y riquezas cambian de mano muchas veces. Se han peleado guerras por territorios, riquezas, religión e ideología política. La causa de cada conflicto puede diferir, pero todos producen pérdidas humanas y un dolor y sufrimiento inconmensurables.

Periódicamente han venido grandes filósofos y pensadores para expresar claramente cuán preciosa y sagrada es la vida. Tratan de propagar el mensaje a sus contemporáneos de que no vale la pena arriesgar ni siquiera una sola vida humana por el poder, las posesiones y el orgullo. Tenemos los ejemplos de Mahatma Gandhi en Oriente y del Dr. Martin Luther King Jr. en Occidente, quienes predicaron el evangelio de la no violencia. Empleando métodos no violentos, Gandhi logró la independencia de la India y el Dr. King ayudó a avanzar a Norteamérica más cerca de su visión de una igualdad de derechos para todos.

La humanidad reconoce la grandeza de aquellas almas que controlan su ira y se abstienen de la violencia. Cada año alguien recibe el Premio Nobel de la Paz por sus esfuerzos. Muchos otros premios son otorgados a grupos religiosos, civiles y sociales por sus esfuerzos individuales hacia la paz. Si la paz es tan altamente estimada en nuestra sociedad, ¿por qué continúa siendo tan esquiva? ¿Será posible alcanzar la paz en este mundo y cómo podremos lograrla? Estos temas no solamente son imprescindibles para el futuro del planeta, sino que son cruciales para aquellos que recorren el sendero espiritual. Uno de los principios básicos de la espiritualidad es la no violencia. Para entrar al reino de Dios no podemos herir a ninguna criatura viviente ni en pensamiento, palabra o acción. Nuestra alma debe ser liberada de las impurezas de la violencia, sin importar su tipo o forma.

ஃ

Toda forma de vida tiene un propósito

Toda la creación es obra de Dios. Toda criatura viviente, sea mamífero o insecto, es parte de esta obra. Aún cuando la vida de las más diminutas formas de la creación nos parezcan insignificantes, hay un propósito divino definitivo detrás de toda forma de vida. Cada forma viviente está animada por un alma. Todo ser en la creación está haciendo su viaje de regreso a Dios, la fuente de dónde provino. En este viaje, las almas se mueven de una vida a otra, aspirando a obtener la forma humana. El cuerpo humano es considerado como el más elevado de toda la creación. Es el único que tiene la facultad para elevarse por encima del mundo físico y retornar a Dios. Somos de lo más afortunados al haber recibido el nacimiento humano. Esta es nuestra oportunidad dorada para realizar a Dios. Si perdemos esta oportunidad durante esta vida, quién sabe cuando recibiremos otro nacimiento humano. De nuevo tendremos que pasar a través del ciclo conocido como la rueda de la transmigración, la rueda de las 8,4 millones de especies de vida.

Mientras estemos dotados del cuerpo humano tenemos dos responsabilidades. Una es con nuestro propio ser: debemos aprovechar la ventaja de tener este don inapreciable y utilizar nuestra vida para conocer nuestro ser y realizar a Dios. La segunda, también debemos ser útiles a la creación de Dios. Tenemos que entender que todas las almas encarnadas en las diferentes especies soportan tremendos sufrimientos. Las especies inferiores de vida viven en cuerpos en los que su única preocupación es sobrevivir. El propósito de sus vidas es comer, protegerse y reproducirse. Carecen de la facultad de conocerse a sí mismas y realizar a Dios. Necesitamos tener compasión por todas las formas de vida. Ellas ya tienen suficiente sufrimiento; no hay por qué añadirles más dolor.

❧

La necesidad espiritual de la no violencia

Hay diferentes razones para que los seguidores del sendero espiritual cultiven la no violencia. Una razón circunda alrededor de la ley del karma. Esta ley afirma que por toda acción, hay una reacción. Tal como sembremos, así será la cosecha. Todo lo que hagamos es acreditado o debitado de nuestra cuenta kármica. Si causamos daño a cualquier criatura viviente, tenemos que pagar por esa acción en la misma moneda. La mayoría de las personas ignoran esta ley. Hieren a los demás sin estar conscientes de las consecuencias. Aunque hay tribunales donde se juzgan ciertos crímenes, aparentemente muchos quedan impunes. Podemos pensar que hemos escapado al castigo, pero tarde o temprano tenemos que pagar por nuestros actos, sea en ésta o en la otra vida. La ley kármica es inexorable. Aquellos que siguen el sendero espiritual se abstienen de cualquier acto violento. Si queremos reducir nuestra deuda kármica para poder regresar a Dios, debemos desarrollar la no violencia.

Otra razón para practicar la no violencia se basa en el hecho de que la violencia ejercida sobre las demás formas de vida interfiere con la creación de Dios. ¿Cómo podemos esperar que Dios nos permita la entrada a las regiones espirituales si maltratamos a sus hijos? Puede que consideremos insignificantes las formas de vida inferiores. Puede que consideremos repugnantes a los insectos e inservibles los reptiles. Pero por alguna razón conocida por Él, Dios creó cada forma de vida. Para Él, todos son sus hijos. Más aún, la forma externa no es sino una capa o cubierta para el alma. Y esa alma es una parte de Dios. Si podemos sentir tanto amor por nuestros hijos, ¿cuánto amor no deberá sentir Dios que ha creado todo el universo? ¿Se puede imaginar su dolor al ver a sus formas de vida más inteligentes, a sus criaturas más nobles, los seres humanos, lastimando a sus hijos menos dotados? Nosotros que somos lo más elevado de la creación deberíamos ser sus criaturas más nobles y espirituales. Nos incumbe a nosotros vivir los más altos ideales para los cuales Él nos creó, protegiendo y ayudando a las formas de vida inferiores. Esta es la razón por la cual quienes transitan el sendero espiritual abogan por una dieta vegetariana. Dios le ha provisto a la humanidad de suficientes plantas como alimento. No tenemos la necesidad de matar animales, aves y peces para nuestro sustento. Si deseamos reunir nuestras almas con Dios, debemos mantenernos puros. Tenemos que desarrollar amor por toda la creación. No podemos decir que amamos a Dios, si no amamos a sus hijos.

Debemos tratar de extender a toda la humanidad y a toda la creación los mismos sentimientos de amor que tenemos con nuestros seres queridos y allegados. Debemos darnos cuenta que dentro de cada corazón latente hay un alma y que esa alma no es diferente de la nuestra. Todas las almas son parte de Dios. Todas las almas están conectadas por un vínculo profundo. El alma dentro de nosotros es semejante a la que se encuentra en las demás formas de vida. Debemos velar para que no se le haga daño a ninguna alma, porque cuando una parte se daña, todo el sistema se afecta.

ॐ

Cómo desarrollar la no violencia

Hay varios aspectos de la no violencia. Esta involucra el no herir en pensamiento, palabra y obra. Hay muchos matices de la no violencia que ni siquiera imaginamos. Sabemos que no debemos matar ni golpear a nadie. Quizá podamos desarrollar control sobre nosotros mismos para no herir físicamente a nadie, pero somos bien descuidados cuando se trata de la no violencia en palabra y pensamiento. Analicemos estos dos hábitos y descubramos la manera de superar nuestras fallas.

La violencia en palabra puede ser escandalosa. Sabemos que no debemos llamar a nadie con apodos que hieran sus sentimientos. Pero ¿cuántas veces al día decimos cosas que injurian los sentimientos de alguien para nutrir nuestro ego? Si nos escucháramos durante todo el día, veríamos que cuando los demás cometen un error suponemos que son tontos o estúpidos. Cuando alguien nos responde incorrectamente lo hacemos sentir avergonzado e inferior. Cuando la gente comete errores, de hecho ya se siente bien mal y aún así le agregamos insulto a la injuria, al señalar sus equivocaciones. La mayoría de nuestras palabras violentas son el resultado de tratar de resaltar nuestro propio orgullo y de hacernos lucir superiores. Pero en este proceso herimos los sentimientos de muchas personas.

A menudo usamos el sarcasmo para parecer graciosos. Intentamos parecer inteligentes e ingeniosos a expensas de los sentimientos de los demás. El humor es positivo y siempre bienvenido. Pero no debe ser a costa del corazón de otra persona. El humor algunas veces se burla de las situaciones.

Pero no debemos burlarnos de la gente ni romper sus corazones en el proceso.

Otra forma de violencia en palabra es el prejuicio y el fanatismo. Encontramos a la gente haciendo comentarios negativos sobre personas de diferentes religiones, de diferentes países, de diferentes colores de piel o de diferente sexo. Ha sido un gran paso para la humanidad que en las últimas décadas hayan pasado y aprobado leyes que promueven la igualdad de derechos. En los últimos años, incluso se han escrito libros para evitar comentarios que pueden ser despreciativos con gente de diversas religiones o nacionalidades. Es importante que no hagamos ningún comentario que pueda herir a otras personas que sean diferentes de nosotros.

Una de las formas más comunes de violencia en palabra es la pelea verbal entre la familia, amigos, esposos, padres e hijos. Nuestro entrenamiento psicológico dice que es normal estar en desacuerdo. Es bastante aceptable el tener diferencias de opinión, pero nunca deberían llegar al nivel de una pelea. Hay una diferencia básica entre un desacuerdo, una discusión y una pelea. En un desacuerdo, dos personas sostienen diferentes opiniones. Ellas expresan sus opiniones pero aceptan que cada una tiene derecho a sus puntos de vista. En una discusión, cada uno trata de convencer al otro de que está en lo correcto. Pero en una pelea, entra la violencia y ambas partes utilizan palabras acaloradas para hacer entender sus posiciones. La gente termina diciendo cosas para herir los sentimientos del uno y del otro. En el calor del momento decimos muchas cosas que no son ciertas y que son descorteses. Más tarde nos arrepentimos de lo que hemos dicho, pero para entonces ya se ha hecho el daño. Se dice que la lengua tiene más filo que una espada. La herida de una espada se puede sanar, pero la herida de las palabras que rompen nuestro corazón no es fácil de olvidar. Debemos medir nuestras palabras cuidadosamente. Si podemos disentir el uno del otro calmada y pacíficamente, eso es aceptable. Nunca debemos permitir que nuestras diferencias lleguen al nivel de una pelea. Debemos mantener el control de nuestra lengua y tratar de mantener la ecuanimidad y la disciplina en nuestras discusiones con los demás. Si podemos hacerlo así, encontraremos que nuestros asuntos se resolverán amorosamente y no heriremos ni seremos heridos en el proceso.

Es únicamente cuando hacemos una introspección profunda que nos damos cuenta del número de veces que pensamos mal de los demás durante el día. Muchos tenemos el hábito de desearles el mal a los demás. Puede ser que en realidad no hagamos nada, pero le estamos deseando a una persona que le vaya mal. Algunos desean que les ocurra algo malo a otros o que tengan un accidente o que pierdan sus riquezas o posesiones. A veces esperamos que alguien no logre la meta que trata de alcanzar, creyendo que así tendremos una mejor oportunidad de conseguirla. Si estamos celosos con los demás les deseamos que tengan mala suerte y que a nosotros nos vaya bien. Una vez que somos conscientes de estos hábitos, podemos ponerle punto final a esos pensamientos cuando surjan. El remedio para esta falla consiste en pensar que todos somos una gran familia. Rara vez deseamos mala suerte a los miembros más cercanos de nuestra familia, tales como nuestros esposos, padres e hijos. Si podemos expandir el amor que tenemos por nuestra familia a toda la creación, esto nos ayudará a superar esta tendencia negativa de desearles el mal a los demás.

La forma más común de violencia en pensamiento es criticar a los demás. Hacemos esto con nuestras palabras y con igual vehemencia con nuestros pensamientos. Si le hacemos un seguimiento al patrón de nuestro pensamiento durante el día, nos encontramos criticando a todo el que se nos atraviesa. Pensamos acerca de lo mal que esta persona ha ejecutado su trabajo o en la forma tan tonta que actúa o en lo incompetente que es esa persona. Ejercemos una censura mental en contra de mucha gente a lo largo del día. La mente nos tiene tan atrapados en este mal hábito, que aún criticamos a nuestros seres queridos. Pensamos mal de ellos. Cuando sucede algo que no nos gusta, pensamos lo peor aún de aquellos que más amamos.

❧

El poder del pensamiento

No nos damos cuenta de lo potente que son los pensamientos. Hay un relato memorable acerca del rey Akbar y de Birbal. Birbal era el jefe de todos los ministros del rey, y era conocido por su sabiduría. El ministro quería demostrarle al rey Akbar la potencia de los pensamientos. Entonces el ministro le dijo al rey que cuando cierto hombre se les aproximara, pensara mal de él. El rey siguió las instrucciones de Birbal y criticó mentalmente a ese hombre. Cuando el hombre se acercó, el rey le preguntó: "¿Qué pensaste hoy, cuando viste por primera vez mi rostro?". El hombre respondió: "De repente tuve un intenso deseo de golpearlo". No había razón para que el hombre pensara esto. El efecto de los pensamientos violentos del rey hizo que el hombre los percibiera inconscientemente y reaccionara de la misma manera.

Conocemos los efectos de los pensamientos amorosos hacia alguien. Los niños son muy sensitivos y pueden congeniar instantáneamente con alguien que tenga pensamientos amorosos hacia ellos. Nosotros también somos sensitivos. Cuando alguien tiene pensamientos amorosos hacia nosotros, también les correspondemos con amor. Similarmente, nuestros pensamientos negativos emiten una vibración que la otra persona capta. Tal vez creamos que nuestros pensamientos son privados, pero los demás pueden sentirlos. Por esta razón debemos ser cuidadosos con lo que pensamos.

Nuestros pensamientos no solo pueden herir a los demás, sino que finalmente nos causan daño a nosotros mismos. El tiempo que pasamos pensando mal de los demás, es tiempo en el que malgastamos las preciosas respiraciones que nos han sido asignadas. El tiempo pasado en criticar a los demás solo nos mantiene alejados de la meta de encontrar a Dios. Primero, no podemos concentrarnos durante nuestra meditación si estamos pensando mal de los demás. Segundo, ese pensamiento causará resentimiento y permanecerá con nosotros todo el día. Tercero, estamos creando acciones cuyos frutos tenemos que cosechar. Y por último, estamos siendo poco amorosos con uno de los hijos de Dios. ¿Cómo puede Él estar complacido con nosotros, cuando pensamos mal de uno de sus hijos?

ॐ

Enfoquémonos en nuestro propio viaje espiritual

El panorama cambiante de la vida está lleno de mucha gente y de muchos problemas. Si permitimos que nuestra mente quede atrapada al convertirse en un constante comentarista de todas las palabras y acciones de otra persona, no somos más que una grabadora que reproduce cada evento. Cada una de nuestras respiraciones es preciosa. Si desperdiciamos esta vida, ¿quién sabe en qué nos convertiremos en la siguiente? Debemos preocuparnos de nuestra propia salvación. Debemos interesarnos en nuestro propio progreso espiritual. Dejemos que los demás hagan lo que quieran. Dejemos que los demás digan lo que deseen. Debemos permanecer concentrados y enfocados en nuestro propio viaje espiritual hacia Dios. No hemos sido contratados por Él como críticos de los demás. Dejemos que Dios sea el juez de cada persona. Debemos ser los jueces de nosotros mismos.

Si nos escudriñamos y criticamos con la misma severidad con que lo hacemos con los demás, encontraremos cuántos defectos tenemos. Si trabajáramos en la corrección de nuestras faltas, haríamos más progreso en nuestro viaje al Hogar.

Reemplacemos todos los pensamientos, palabras y obras negativos por pensamientos no-violentos. Debemos mirar los errores y las fallas de los demás con compasión. Cuando los niños cometen errores no los criticamos. Los vemos con compasión porque sabemos que deben cometer muchos errores para aprender. Similarmente, los demás están en diferentes estados de su jornada espiritual. Si cometen errores debemos tratarlos con amor y compasión.

Si podemos cultivar la no violencia en nuestras vidas diarias encontraremos que Dios estará complacido con nosotros y nos dará su gracia más y más. Nos convertiremos en una morada de paz y de tranquilidad para aquellos que nos rodean. Estaremos ayudándole a Dios al volvernos un colaborador consciente de su plan divino. Le estaremos ayudando a aliviar el sufrimiento de sus hijos. Nuestro progreso se acelerará y todas las demás virtudes se nos añadirán.

Si cada uno de nosotros puede lograr esta meta añorada, este planeta entrará en una Edad de Oro en la que no habrá guerras ni conflictos. No habría más derramamiento de sangre ni sufrimiento. Tendríamos un mundo en el que solo habría soluciones pacíficas para los problemas y conflictos. Sant Darshan Singh oró por un mundo así y tengo la esperanza que durante mi vida y la de ustedes, veamos que esto se convierta en realidad. Permitamos que el siguiente verso de Sant Darshan Singh encuentre su realización:

De amanecer en amanecer hablemos de la paz
    y escuchemos el mensaje de amor,
Las nubes cargadas con la lluvia de Sawan
    han envuelto la taberna del tiempo.
Oh Escanciador, deja que la copa del amor
    circule, circule y circule.

❂

EJERCICIO

Mantenga un registro de sus pensamientos, palabras y acciones violentos. Note todas las expresiones de violencia que usted presente en su vida diaria. Sea consciente cuando surjan esos pensamientos, palabras y acciones violentos. Intente dejar de abrigarlos, dedicando unos pocos minutos a la meditación. Diariamente vea cómo puede reducir a cero el número de pensamientos, palabras y acciones violentos.

Note sus interacciones con la gente. Observe si está en desacuerdo, discute o pelea. Si está en desacuerdo, trate de mantenerse a un nivel cordial, sociable, sin criticar ni pronunciar palabras rudas que hieran a los demás. Practique el enviar pensamientos amorosos a aquellos que lo hieran o lo maltraten. Anote los efectos.

DOCE

Cómo vivir en la verdad

Una madre fue donde Mahatma Gandhi y le dijo: "Mi hijo come demasiado azúcar. ¿Puede decirle que deje de comerla?". Gandhi pensó por un momento y le pidió que regresara dentro de unos días. La mujer regresó con su hijo días después y nuevamente le pidió a Gandhi que le aconsejara al niño que dejara de comer dulces. Esta vez, Gandhi le dijo al niño que dejara de comer azúcar. La madre quedó perpleja y preguntó incrédula: "Si eso era todo lo que iba a decirle, ¿por qué no se lo dijo la primera vez que vinimos?". Gandhi replicó: "Porque hace tres días yo mismo estaba comiendo azúcar y desde entonces he dejado de hacerlo".

Este ejemplo ilustra el elevado ideal de hablar solamente lo que estamos practicando en verdad. Para quienes transiten por el sendero espiritual, la verdad es una de las virtudes éticas que necesitan inculcar. Examinemos los diferentes aspectos de esta cualidad y exploremos las formas como podemos convertirlos en parte integral de nuestras vidas.

¿♣

Matices de la falsedad

Las fallas en la práctica de la verdad pueden descomponerse en las categorías de la mentira, el engaño, la hipocresía y la ganancia ilegal. Algunas fallas bajo estos títulos son bastante obvias, tales como decir una mentira o robar. Otros rasgos de esta característica son más sutiles, y puede que ni siquiera seamos conscientes de que estamos cayendo en ciertas formas de falsedad. Una vez que entendamos las ramificaciones de esta categoría, seremos más conscientes de nuestras debilidades y podemos tratar de mejorar.

Primero, debemos entender cómo la verdad tiene un efecto sobre nuestro progreso espiritual. Al analizar cada subtítulo de esta virtud, comprenderemos cómo el desarrollo de la cualidad de la verdad acelerará nuestro viaje interno de regreso a Dios.

La falla en falsedad tiene que ver con la mentira. La gente puede mentir en pensamiento, palabra u obra. Significa básicamente que ocultamos la verdad. Hay muchos motivos para mentir. Un niño les miente a sus padres cuando teme ser castigado por haber hecho algo malo. Un empleado le miente al jefe cuando trata de conservar su posición o de ocultar que cierta labor no se ha realizado. Las personas les mienten a su familia y amigos cuando quieren que ellos no sepan que han fallado o que están pasando por malos momentos o cuando están enfermos y no quieren que nadie se preocupe. En muchos casos, la causa de la mentira es para protegernos del castigo por nuestras faltas o para preservar una imagen que deseamos proyectar a los demás. La circunstancia más común para decir una mentira es cuando alguien ha hecho algo equivocado sin intención. Puede que se haya cometido un error o realizado inapropiadamente un trabajo por falta de habilidad o cuidado. Entonces la persona siente que tiene que encubrirlo por temor a la opinión de los demás.

En el caso de infringir una ley, nuestra equivocación puede ser una falla cometida en otra categoría. Pero cuando encubrimos algo, esto entra en el dominio de la falsedad. En la mayoría de los casos encubrimos errores cometidos sin intención. No somos capaces de defender quiénes somos o qué somos. Si erramos actuando de buena fe, debemos admitirlo sin preocuparnos demasiado por lo que piensen los demás. Muchas veces rompemos un vaso, perdemos dinero u olvidamos una cita. El error puede suceder por olvido, por descuido y hasta por incompetencia. En lugar de aceptarlo, fabricamos un cuento para encubrir nuestra falta. Quizá lo hagamos para evitar una pelea o una discusión o simplemente para dar la impresión de ser mejores de lo que somos. Puede que tratemos de evitar una discusión si nuestro error le hizo pasar dificultades a alguien y no deseamos asumir la responsabilidad. También hay ocasiones en que alguien nos critica excesivamente o es intolerante con nosotros por lo que somos, y como no podemos controlar las reacciones ásperas de la otra persona, tratamos de evitar una confrontación.

Cualquiera que sea la razón, una vez que decimos una mentira tenemos que preocuparnos de preparar una segunda y una tercera para encubrir la primera mentira. La mente se obsesiona por cubrir nuestro error y por alejar a cualquiera para que no lo descubra. Nuestra mente puede enredarse aún más en esta red cuando comenzamos a agregarle sentimientos de culpa, vergüenza o temor. En esta condición es difícil meditar. Nuestra mente se llena de pensamientos agitados. De esta manera, la mentira alejará nuestra atención de nuestra meta espiritual.

Si nuestra mentira pretende ocultar quiénes somos en realidad o hacernos parecer mejor de lo que somos, eso entra en el campo del ego. Estamos tratando de mostrarnos de cierta manera ante aquellos cuya opinión valoramos. Por lo tanto, la falsedad ha entrado en la esfera del engaño y la hipocresía.

Algunas falsedades se dicen para herir a los demás. Tratamos de acusar o de culpar falsamente a otros por nuestros propios errores o de herir a nuestros rivales. Estas falsedades caen bajo la categoría de la violencia. De hecho el motivo o la intención detrás de la acción es lo que determina la categoría en que hemos fallado.

Si la mentira es para evitar una confrontación, entonces debemos desarrollar una clase de relación con los demás en la que no tengamos temor de ser nosotros mismos, de ser quienes realmente somos y de persuadir o de animar a los demás para que nos acepten. Debemos ser lo suficientemente fuertes para admitir lo que hemos hecho, a pesar de lo que piensen los demás. Si otra persona tiene dificultades para aceptarnos, y sabemos que no hemos herido a nadie, entonces es mejor revelar la verdad. Después de todo, la veracidad es una virtud. ¿Por qué mancharnos diciendo algo falso solo para complacer a otro o para ajustarnos al concepto que tiene sobre nosotros? Debemos ser lo bastante fuertes en nuestras convicciones y acciones para enfrentar al mundo con valentía.

Cuando la mentira es hacer que los demás crean algo distinto de la verdad, hemos entrado en la categoría del engaño. Tratamos de presentar un rostro falso y ocultamos nuestros verdaderos colores tras una máscara. El engaño significa que nos falta el valor y la fortaleza para defender lo que somos. Quiere decir que nos dejamos influenciar más por la opinión de los otros que por nuestra propia opinión. En el caso del engaño solamente nos herimos a nosotros mismos. Necesitamos tener la confianza de ser como somos, necesitamos aceptar y enfrentar nuestros errores en lugar de ocultarlos. Si los ocultamos de los demás, tendemos a ocultarlos de nosotros mismos. Al encubrir nuestras faltas nunca mejoraremos. Necesitamos encararlas para poder erradicarlas. Mientras no diagnostiquemos nuestro problema, no podremos iniciar su cura.

Si ocultamos la enfermedad y nunca vamos al médico, él no podrá darnos un remedio. Engañar a los demás es una cosa, pero engañarnos a nosotros mismos solo nos impide progresar en el sendero espiritual. Retarda nuestro progreso. Si no reconocemos las deficiencias que nos privan de alcanzar la pureza requerida para ingresar a las regiones superiores, nos estancaremos en el mismo lugar hasta que despertemos.

Cuando aparentamos ser perfectos, le permitimos a nuestra mente que embauque a nuestra alma. Nuestra pobre alma no avanzará y la mente habrá logrado detener nuestra jornada. Si podemos hacernos conscientes del juego falaz de la mente, daremos los pasos para superar sus trucos.

Otra falla en la categoría de la verdad es la hipocresía. En la hipocresía decimos una cosa pero hacemos otra. No practicamos lo que predicamos. La hipocresía está tan difundida en la sociedad moderna que se ha vuelto parte de las normas de vida. Los padres les dicen a sus hijos que no mientan ni peleen entre ellos. Sin embargo, ante sus ojos, los padres dicen mentiras, discuten y pelean. Millones de padres les dicen a sus hijos que no consuman drogas ni beban alcohol, sin embargo ellos mismos están involucrados en esos hábitos negativos. Los niños no pueden comprender por qué no pueden hacer lo mismo que hacen sus padres. Una vez que los niños ven que sus padres no hacen lo que dicen, ni practican lo que predican, pierden la confianza y la fe en los adultos. Una vez que se destruye la confianza del niño en los padres, es difícil recuperarla. Los niños comienzan a desobedecer más y más las palabras de sus padres, porque ven que no hay convicción detrás de ellas.

Encontramos muchos casos de hipocresía en nuestras instituciones religiosas. Cada religión predica el amor. Nos aconsejan amar al prójimo como a nosotros mismos. En algunas religiones incluso se enseña a amar a nuestros enemigos. Sin embargo, si miramos los periódicos, leemos sobre la violencia cometida entre los miembros de una religión y otra.

Incluso encontramos divisiones agudas dentro de las mismas instituciones religiosas. Debe ser difícil para los seguidores de una religión conciliar la vasta diferencia entre la prédica y el ejemplo de sus dirigentes religiosos. Una vez que los seguidores descubren la hipocresía en sus instituciones religiosas, se les hace difícil tener plena fe en los principios básicos de sus enseñanzas.

Otra falta grave en la categoría de la falsedad es adquirir ganancias ilegalmente. Esta abarca muchos actos incorrectos, tales como el hurto, el fraude y el soborno. Tomar lo que no hemos ganado legalmente es un crimen grave por el que debemos pagar. Sabemos que hay penalidades rígidas en el sistema judicial para el hurto, el fraude y el soborno. Incluso si uno queda impune en esta vida, tiene que saldar después los karmas por dichos actos. Debemos tratar de reducir el karma en vez de incrementarlo.

Cuando Sant Darshan Singh ingresó por primera vez al servicio del gobierno de la India, descubrió que el soborno era una práctica común. A pesar de que al soborno se le consideraba una práctica aceptable, él rehusaba a dejarse sobornar. Una vez cuando lo enviaron a Bombay a encargarse de un contrato grande, rechazó el soborno que le ofrecieron. Cuando su padre, Sant Kirpal Singh, supo que su hijo había mantenido sus elevados principios éticos, se llenó de una felicidad inmensa y le escribió una carta expresándole lo complacido que estaba con él.

Si seguimos el sendero espiritual de regreso a Dios, necesitamos desarrollar todos los aspectos de la verdad. Si queremos convertirnos en un espejo puro que refleje la luz de Dios, no debe haber ninguna mancha ni defecto en el cristal. Nuestros pensamientos, palabras y obras deben ser honestos. Como Sant Kirpal Singh solía decir: "La verdad es elevada, pero más elevado aún que la verdad es vivir de una manera veraz".

Al vivir la verdad progresaremos y seremos un ejemplo noble para otros buscadores del sendero de regreso a Dios.

≈

Cómo desarrollar la veracidad

¿Cuáles son los factores de ayuda que inculcarán en nosotros la cualidad de la veracidad? Hay que comprender que aún cuando algunas veces podemos ocultar la verdad de los demás, no podemos ocultarla de Dios. Él es omnisciente y está observándonos en todo momento. Quizás creamos que somos demasiado insignificantes para que un Dios tan grande y omnipotente se preocupe de nosotros, pero Él es consciente de cada ser viviente de la creación, desde la más diminuta brizna de hierba hasta los grandes mamíferos que andan por el planeta. No podemos escapar de su visión omnisciente. Él está dentro de cada ser viviente. Al saber que Dios está siempre dentro de nosotros, comprendemos que Él es consciente de todo lo que hacemos, decimos y pensamos. Puede que tratemos de ocultar la verdad de los demás, pero Dios ve todas nuestras acciones.

La verdad implica ser honestos respecto a nuestros defectos. Podemos ocultarlos de los demás, pero no debemos ocultarlos de nosotros mismos. Tratar de ignorar nuestras fallas o de justificar nuestro comportamiento no nos ayudará. A pesar de lo que digamos a los demás para mantener la apariencia o para lucir mejores de lo que somos, esto no nos va a ayudar en el desarrollo espiritual. Si queremos ser dignos de entrar en el reino de Dios, tenemos que eliminar nuestras manchas y defectos. Cubrirlos de maquillaje no nos hace bellos, porque Dios ve lo que realmente somos. Tenemos que reconocer nuestros defectos, admitirlos y luego esforzarnos por erradicarlos.

Quizás nos vistamos bien y tratemos de lucir muy bien cuando vamos al médico, pero sabemos que a él sólo le concierne nuestra presión sanguínea, el pulso y los órganos internos, no se fijará en nuestra apariencia física. Puede que estemos bien vestidos cuando vamos al colegio a presentar los exámenes, pero sabemos que al profesor no le interesa sino los resultados de los exámenes. Similarmente, Dios desea hacernos dignos de entrar en su morada. Puede que tratemos de ocultar externamente nuestras faltas, pero a Él sólo le interesa nuestra verdadera naturaleza espiritual. Está tratando de ayudarnos a eliminar las características negativas que nos impiden elevarnos sobre la conciencia del cuerpo. Él no se ocupa de la personalidad que aparentamos. Puede que actuemos amable y cortésmente, y hagamos alarde de nuestros logros, pero Él mira más allá de eso. Dios desea ayudarnos a corregir aquellas faltas que nos alejan de nuestra meta espiritual.

Si podemos examinarnos y criticarnos a nosotros mismos honestamente como cuando criticamos a los demás, descubriremos nuestros defectos y los corregiremos. Reconocer nuestras faltas no significa censurarnos o azotarnos. No quiere decir que nos volvamos obsesivos y ansiosos. Significa ver nuestras faltas, hacer una resolución de cambiar y comenzar a mejorar. De nada servirá preocuparnos, rezongar y sentirnos culpables. De esta manera solo malgastamos nuestro tiempo y nos alejamos de nuestra meta. Debemos admitir sin reservas que nos hemos equivocado, debemos comprender que el error es parte del ser humano, y luego hacer un plan para cambiar y no volver a repetir el error. Debemos perdonar y olvidar las acciones de los demás, y debemos perdonar y olvidar nuestras propias acciones, una vez que hayamos reconocido y corregido el error.

Mientras más tardemos en ser veraces, más se retardará nuestro progreso. Nadie más nos está observando excepto nosotros mismos y Dios. Hay un relato que solía contarnos Sant Darshan Singh que ilustra hermosamente este punto. La reina Zulaica deseaba a José, un hombre noble y santo. La reina le llamó a sus aposentos y él tuvo que ir por tratarse de la reina. Mientras hablaba con ella se dio cuenta de sus intenciones y no sabía cómo resolver este dilema. Él afirmó que aún cuando aparentemente estaban solos, todas las estatuas de los dioses se encontraban allí. Entonces ella ordenó que todas fueran cubiertas, para que no vieran lo que iban a hacer. José finalmente encontró una salida para la situación y comentó: "Tú puedes cubrir tus dioses para que ellos no te vean, pero mi Dios está dentro de cada uno de nosotros y no hay manera de ocultarnos de Él. Es omnisapiente y omnisciente". Al darse cuenta de esta verdad, ella se arrepintió de sus intenciones y le dejó ir. Similarmente, podemos ocultar de los demás y de nosotros mismos todo lo que hagamos, pero no podremos ocultarlo de Dios. Tal vez presentemos una bella apariencia ante el mundo, pero Dios verá nuestra verdadera condición y no nos permitirá entrar a la morada más elevada hasta que nos volvamos inmaculados. Debemos ser purificados para llegar a su reino interno. Mientras más pronto comprendamos esto, mejor.

Entonces, resolvámonos a desarrollar las cualidades de la verdad. Seamos honestos en todos nuestros asuntos. Liberémonos del engaño y de la hipocresía. Aprendamos a ganar honestamente nuestro sustento. Y seamos sinceros con nosotros mismos. Debemos reconocer honestamente nuestra verdadera condición para hacer las mejoras necesarias. Si podemos desarrollar la cualidad de la veracidad, veremos que nuestro progreso interno recibirá un gran impulso y llegaremos a la meta con mucha mayor velocidad.

EJERCICIO

Durante el día, observe el número de veces en que ha cometido faltas en la veracidad. Analice los diferentes matices de la falsedad: la mentira, el engaño, la hipocresía y las ganancias ilegales. También note las veces en que se haya engañado a sí mismo, al no reconocer sus propias faltas.

Trate de darse cuenta cuándo comete una falta en la categoría de la falsedad y reemplazarla por la verdad. Note el efecto sobre su propia paz mental. Intente día tras día de ir eliminando este defecto.

TRECE

El amor divino

Uno de los principales dilemas que tiene la mayoría de las personas es comprender el significado del amor. Se ha explorado este asunto desde tiempos inmemoriales. Se han escrito millones de poemas y de libros acerca del amor. En todas las épocas los filósofos han tratado de explicar la naturaleza intrínseca del amor.

La mayoría de nosotros usamos el término "amor" para describir el sentimiento que tenemos en diferentes relaciones. Está el amor entre padres e hijos, hermanos y hermanas, y el amor para nuestros parientes. Está el amor entre amigos. Tenemos amor por nuestro país. Y tenemos amor por nuestras pertenencias. Incluso, en algunos países, encontramos que la gente siente amor por sus mascotas. Casi siempre cuando pensamos en el amor, creemos que se trata de la relación entre un hombre y una mujer. Además, existe el amor por la humanidad y por el planeta. Y por supuesto, tenemos el amor por Dios.

Es diferente la experiencia del amor entre personas o aún por objetos inanimados como nuestra casa y posesiones, pero toda forma de amor tiene algunas características similares. En el caso del amor por algo de este mundo, hay un elemento de apego por el objeto que amamos. Sentimos una gran necesidad por aquello que amamos. Tenemos cálidos sentimientos en nuestro corazón por lo que amamos. Y sentimos temor de perder el objeto de nuestro amor. Estos elementos del amor están presentes, trátese de nuestra familia, nuestros amigos, nuestro novio, nuestras pertenencias o nuestro país.

Cada una de estas experiencias de amor involucra un sentimiento del corazón. Nos sentimos felices cuando estamos con aquellos que amamos. Estando con ellos nos sentimos contentos, pacíficos, tranquilos y satisfechos. En su compañía sentimos regocijo interior y alegría inefable. Cuando estamos con nuestros seres queridos experimentamos cierta plenitud.

Para regresar a Dios necesitamos desarrollar el amor universal. La mayoría de nosotros amamos a un pequeño círculo de gente que incluye la familia y los amigos cercanos. Pero a medida que progresamos espiritualmente, se expande nuestro corazón y desarrollamos amor por nuestra comunidad, nuestra sociedad, nuestro país y por el mundo entero. El estado supremo del amor es tener amor por toda la creación en el cosmos. Conocemos el regocijo que sentimos al amar a nuestra familia y amigos. Si lo expandimos a tener amor por toda la creación, imaginémonos cuán grande sería el amor en nuestro corazón. Este amor es puro y espiritual. Es la clase de amor que Dios tiene por la creación. El amor es divino, el amor es sagrado, el amor es una cualidad espiritual.

En el amor divino el alma anhela fundirse de nuevo con su Creador, el Alma Suprema. Cuando Dios separó partes de Sí Mismo para crear las almas y las envió al mundo, surgió un dolor por la separación. La analogía más cercana que tenemos es el sentimiento de un padre cuando ve a su hijo crecer y dejar el hogar, para entrar en el mundo por su cuenta. El vínculo de amor entre el padre y el hijo es tan profundo que cuando el hijo parte, el padre siente un tremendo dolor en su corazón. Aún cuando el hijo se vaya lejos, hay un constante lazo de amor y apego que siente el padre en su corazón. Este constante amor le acompaña día y noche. Él continúa recordando a su hijo, pensando en él y sintiendo amor por él. También hay una constante atracción, como un imán, que atrae al hijo de regreso al padre. Este se siente como si estuviera incompleto mientras su hijo no regrese corriendo a sus brazos. Similarmente, Dios es el padre de todas las almas. Mientras están en el mundo, pasando de una vida a otra, las recuerda a cada una, ama a cada una y su atención está en cada una de ellas. No es difícil de imaginar porque sabemos que algunos padres tienen más de un hijo y tienen amor por todos ellos. Dios está siempre esperando a que cada alma se dirija hacia Él y regrese. Sabe que las almas están perdidas en el mundo y sus múltiples atracciones. Él anhela que ellas le recuerden y regresen al Hogar. Este anhelo se experimenta como un tirón en nuestra alma. Al pasar la vida, de vez en cuando cada alma experimenta una especie de ansiedad melancólica, una sensación de que nos hace falta algo en lo más profundo de nuestro ser. Cuando se intensifica este deseo interno de regresar al Hogar, experimentamos lo que se conoce como el despertar espiritual.

❧

El llamado de la voz interior

Hay ocasiones en que una voz interior nos dice que la vida es más de lo que conocemos en este mundo físico. Esto puede ocurrir a causa de un accidente, de la muerte de un familiar o de una gran pérdida. De repente comenzamos a cuestionar el significado de la vida, quiénes somos y lo que ocurrirá después de la muerte. Esta persistente vocecita comienza a escucharse cada vez más fuerte. Comenzamos a sentir el impulso de buscar las respuestas. Este es un llamado de Dios a nuestro corazón para traernos de regreso a Él. Él aprovecha la primera oportunidad cuando ve que tenemos dudas sobre la realidad y sobre la importancia excesiva que le damos a este mundo y a sus atracciones. Siembra entonces dentro de nosotros la semilla que nos llevará a iniciar nuestra búsqueda espiritual para encontrar las respuestas a los misterios de la vida. Su amor comienza a manifestarse dentro de nosotros y sentimos el anhelo de conocer a Dios. Este es un gran día para nosotros, porque escuchamos la voz de nuestra alma y su deseo de conocer al verdadero Padre.

A medida que prestamos mayor atención a esta voz clamando por regresar al Hogar, Dios poco a poco nos conduce donde alguien que nos pueda situar en el camino de regreso a Él. Nos lleva donde un profesor espiritual que nos hable de nuestra verdadera naturaleza, de que somos alma y una parte de Dios. Luego nos enseña un método por el cual podamos elevarnos por encima de este mundo físico y ver por nosotros mismos nuestra verdadera herencia como gotas de Dios. Nos enseña cómo meditar e invertir nuestra atención hacia los mundos internos. Nos pone en contacto con la corriente de la Luz y el Sonido, llamada *Naam*, la cual brotó de Dios cuando creó este universo. Esa misma corriente fluye de regreso a Él. Es una corriente hecha de la misma esencia de Dios, toda Luz, toda Música, toda Amor. Cuando el alma medita y entra en contacto con la corriente experimenta una realización y un placer porque ella es una parte de esa corriente. El contacto con esta corriente de la Luz y el Sonido comienza a producir más satisfacción y felicidad que jamás hemos experimentado con cualquier placer físico. Este contacto es el poder del amor que hará volver nuestra atención hacia Dios. Encontramos que los placeres mundanos comienzan a perder su encanto. No hallamos en nada de este mundo una satisfacción como la que descubrimos cuando nuestra alma se contacta con la Luz y el Sonido durante la meditación. El alma entonces quiere más de esa bienaventuranza y se absorbe más en la Luz y el Sonido internos. Entonces comienza a remontarse sobre la corriente por fuera de este mundo físico, dentro de las regiones internas de belleza del más allá. Entre más lejos viaja el alma en el interior, mayor es el éxtasis que experimenta. Como lo expresó Sant Darshan Singh en uno de sus versos:

Pensé que cuando el Escanciador viniera saciaría mi sed,
Pero ¡ay!, vino y se fue, y mi sed se ha vuelto más intensa.

૨▲

La unión divina

Esta atracción por más y mayor bienaventuranza conduce al alma más y más alto a través de los planos astral, causal y supracausal, hasta que alcanza la morada de Dios. Allí logra finalmente su comunión con Él. Se funde en su fuente. Los dos se convierten en uno. La bienaventuranza de esta fusión es mayor de la que cualquier alma puede alguna vez experimentar. Podemos imaginarnos la unión del amante y el Amado, del padre y el hijo: es amor, satisfacción y plenitud. Sin embargo, la experiencia de la unión del alma con Dios es millones de veces más grandiosa. Esta bienaventuranza nos espera a todos nosotros. Esta es una unión que existe sin cuerpos físicos. Es solo entre Dios y el alma. Este es el amor espiritual. Este es el amor supremo de la creación.

El amor que experimenta un alma cuando se reúne con Dios está muy por encima del amor físico o lujuria. Una vez saboreada esa unión espiritual, el amor físico pierde todo su atractivo para nosotros. Los placeres del cuerpo físico son puramente biológicos y mecánicos. Puede que den alguna sensación momentánea pero esto involucra los músculos, el sistema nervioso, los sentidos y la interpretación que le da el cerebro, como una sensación física de placer. Solo dura un momento. Pero el amor que experimentamos cuando nuestra alma se une con Dios llena nuestro ser, no solo por un momento, sino de manera permanente. Es como al nadar en el océano donde una ola tras otra nos cubren continuamente. Las olas del amor llegan hasta la profundidad más recóndita del corazón y del alma en todo momento, trayendo consigo bienaventuranza, realización y tranquilidad. Esto no involucra ningún contacto físico. No involucra ninguna unión física. Existe más allá del tiempo y del espacio. Simplemente es. Es esta clase de amor a la que todos debemos aspirar. No tiene fin. Por eso escribió Sant Darshan Singh:

> El amor sólo tiene principio,
>   más no final.

El amor espiritual no tiene fin. No conoce la muerte. Aún cuando perece el cuerpo físico, el alma permanece por siempre fundida con su Creador. El amor llena el ser a cada instante, estemos dormidos o despiertos, sentados o en movimiento.

❧

Matrimonio, parejas y el viaje espiritual

Los esposos en el sendero espiritual deben comprender el papel que juega el amor en la vida. Si desean lograr el progreso espiritual en el viaje de regreso a Dios, necesitan ayudarse el uno al otro. Los dos compañeros en la vida deben colaborarse el uno al otro en la jornada espiritual. Sant Darshan Singh explicó de manera detallada este punto cuando citó la frase de Antoine de Saint-Exupéry: "El amor no es mirarse mutuamente a los ojos. Es mirar juntos en la misma dirección". Y Sant Darshan Singh agregaba: "Y esa dirección es hacia Dios". Si ambos en la relación miran hacia la meta espiritual, encontrarán un amor más grande del uno por el otro que en cualquier unión física. Descubrirán que ambos se llenan del amor de Dios. Ambos disfrutarán la dicha espiritual del contacto con el *Naam* o el Verbo. A medida que progresan, sus almas avanzarán juntas en la corriente de la Luz y el Sonido, hasta que alcancen el océano eterno del amor. Cuando ambas almas estén llenas con el amor de Dios, nadarán en el mismo océano. Las dos se llenarán de la misma dicha, del mismo éxtasis y de la misma unión. ¿Hay alguna otra experiencia tan grande que puedan disfrutar dos almas? Luego, ambos compañeros se unirán más porque experimentan el mismo deleite indescriptible, la misma dicha inefable. Los dos compartirán algo que el resto del mundo ignora. Tendrán un vínculo mucho más profundo que el de cualquier unión física.

ॐ

Dios: el mejor de los amantes

En lugar de apegar nuestra atención a la tierra con los atractivos de las tentaciones físicas, debemos luchar por el verdadero amor. Creemos que lograremos la felicidad y la dicha con un amante mundano, pero Dios es el amante más grande. En realidad, Él es el Amado. Sant Darshan Singh siempre solía decir que cuando logramos la unión con el Amado, ya no podemos distinguir quién es el Amado ni quién el amante. Todos los santos y místicos a través de las épocas han escrito acerca de la bienaventuranza de la unión divina. Muchos la han descrito como la unión del Amado y el amante. El amor de Dios es mucho mayor que el de cualquier amante del mundo. El amor de Dios es tan extenso y profundo que perdemos hasta la conciencia de nuestro ser individual. Nos olvidamos del tiempo y del espacio, aún de nuestro propio nombre. Estamos perdidos en una bienaventuranza tan grande que jamás quisiéramos salir de ella. Un amante del mundo puede abandonarnos o herirnos, pero el amor de Dios es constante. Él nunca nos dejará, nunca nos abandonará, nunca nos causará dolor. Sólo tiene para darnos amor perpetuo, regocijo constante y bienaventuranza eterna. Él es nuestro amante, nuestro amigo, nuestro padre, nuestro todo.

Cuando estamos absortos en el amor de Dios, también nos volvemos uno con Él. Entonces, amaremos a todo aquel que Él ame. Amaremos todo lo que Él ama. Nuestro corazón se convierte en su corazón y desarrollamos amor por toda la creación. Cuando miramos a cualquier ser en este universo, lo vemos con los mismos ojos con que lo mira Dios. Sentimos amor por ellos, porque también son almas, una parte de Dios. Los amamos como nos amamos a nosotros mismos. Tratamos a todos los seres como a nuestros seres queridos. Vemos la Luz de Dios en ellos. Vemos la forma de nuestro Amado en todos ellos. Por esto Sant Darshan Singh aconsejó:

> Abraza a todos los hombres como a tus seres queridos,
> Y esparce libremente tu amor por dondequiera que vayas.

Los Maestros espirituales en todas las épocas han encarnado el sentido de este verso, porque el amor de Dios fluía a través de sus ojos y corazones. Amaban a todas las personas porque ellos eran uno con Dios y veían aquella Luz en los demás. Cuando la gente entraba en contacto con estos Maestros espirituales, en realidad comulgaban con el amor de Dios. Si podemos lograr la meta de la unión con Dios en esta vida, también caminaremos sobre la tierra transmitiendo el mismo amor divino. Le llevaremos alegría y solaz a toda persona que encontremos. La gente se llenará de felicidad y de calma en nuestra presencia. Y cuando nos pregunten dónde obtuvimos este don especial, ellos también querrán tenerlo. Si cada alma de la creación experimentara la unión con Dios, este mundo abundaría de felicidad y regocijo. Todos andaríamos en un estado de dicha. El amor en el planeta continuaría creciendo, hasta que el reino de Dios descendiera en verdad a la tierra.

Cuanto más tiempo dediquemos a la meditación, mayor será la experiencia de este amor. Esto nos acercará cada vez más a los reinos internos hasta que nos fundamos en el amor mismo, en Dios Mismo. Oro para que cada uno logre esta meta tan pronto como sea posible, permitiendo que todos los corazones naden en el mar del amor divino para siempre.

EJERCICIO

Piense acerca de los tipos de relaciones afectivas que tiene en la vida. Trate de ver esas relaciones desde el punto de vista del amor divino. Trate de reconocer la Luz de Dios en cada persona. Ame esa Luz dentro de ellas, al nivel de alma a alma. Observe cualquier cambio que encuentre en su relación cuando ame a los demás desde esa perspectiva.

Para aquellos que son casados, compartan sus puntos de vista y metas espirituales. Traten de encontrar lo que tengan en común y lleguen a un acuerdo para ayudarse el uno al otro en el sendero espiritual.

CATORCE

Cómo dominar el ego

En cierta ocasión, un hombre devoto decidió buscar un gran santo para aprender la manera de lograr la realización de Dios. El hombre averiguó dónde vivía el ser iluminado, fue a su casa y tocó a la puerta. "¿Quién está ahí?", preguntó el santo. El devoto dijo: "Soy yo". No hubo respuesta. El hombre se sentó a analizar por qué el santo no le había abierto la puerta. Después de algún tiempo, finalmente dedujo la respuesta. De nuevo tocó a la puerta. "¿Quién está ahí?", preguntó el santo. El hombre dijo: "Eres tú". La puerta se abrió y el santo lo recibió.

Este relato nos transmite la esencia de la humildad. Contiene uno de los secretos del éxito en el sendero espiritual. Si medimos todos los pensamientos, palabras y acciones con el criterio de prueba de esta anécdota, tendremos el ejemplo infalible de cómo debemos vivir si deseamos lograr la realización de Dios.

Dicen los místicos que Dios ha proclamado a la humanidad: "Donde tú estés, Yo no estoy. Donde no estés, Yo estoy". Si deseamos encontrar a Dios, tenemos que buscarlo dentro de nosotros y llenar nuestro ser de Él. Actualmente, los seres humanos creemos que solo somos cuerpo y mente. Creemos que nuestra identidad es el cuerpo físico en que nacimos. Todos tenemos un nombre, una religión y una nacionalidad. También tenemos mentes. Cuando el alma entró en el cuerpo debía asumir el control tanto del cuerpo como de la mente. Pero en lugar de usarlos como herramientas, el alma ha sido subyugada por la mente. La mente es amante de los goces y es arrastrada por los sentidos hacia el mundo en busca de placer. A su vez, la mente arrastra al alma hacia el mundo. Como resultado de esto el alma ha olvidado su propia naturaleza y se ha identificado con la mente.

Cada persona piensa que es omnipotente, omnisciente y que está dotada con las mejores cualidades. Estamos inflados de ego. El ego nos impide conocer nuestro verdadero ser y conocer a Dios. Si pretendemos escapar de su telaraña, necesitamos ser conscientes de su intrincada red y buscar la salida.

ॐ

Muchas formas de ego

El ego se manifiesta de diferentes maneras. Generalmente nos referimos al ego como orgullo. Podemos tener orgullo de conocimiento, orgullo de poder y orgullo de riqueza. Orgullo es pensar que somos los responsables de nuestros logros. Es atribuir lo que somos y lo que hacemos a nuestro propio esfuerzo. Pensamos que somos superiores a los demás en muchos aspectos. Si pudiéramos dar un vistazo, a vuelo de pájaro, por la creación, descubriríamos la falacia de esta manera de pensar.

Comencemos este análisis desde el principio. A pesar de los distintos trasfondos religiosos que tengamos, a todos nos enseñan que Dios es el Creador. Por Él, entró en existencia el universo entero. Él es el creador de la humanidad y de todas las formas de vida. Considerar este solo hecho, ya es suficiente para darnos cuenta de que somos pequeñas partículas en el esquema de la creación. Él es todo y nosotros somos seres diminutos e insignificantes. Sin embargo, pocos somos conscientes de esto. Si examinamos nuestros pensamientos, ¿cuántas veces pensamos en Dios como nuestro Creador? ¿Cuántas veces le agradecemos por la vida? ¿Cuántas veces pensamos que Él es el Dador de todo lo que tenemos? Pocas personas, en su vida diaria, le recuerdan a Él y a sus dones. Estamos tan absortos en el panorama de la vida, que hemos olvidado todo lo relacionado con Dios. En verdad, rezamos de manera mecánica ya sea en los lugares de adoración o antes de comer. En realidad lo recordamos solo cuando queremos que nos libre de una calamidad o de una grave enfermedad. Pero la mayor parte del tiempo, escasamente le concedemos un pensamiento. En la época moderna, el olvido de Dios se ha convertido en algo tan común que algunas personas niegan Su existencia. Hay personas que son ateas, no creen que Dios existe. Durante muchos años, los científicos prescindieron de Dios en su concepción del universo porque no podían verificar su existencia con sus instrumentos científicos.

Lo anterior demuestra hasta qué punto nos ha dominado el ego. Algunos científicos afirman que el universo surgió de manera accidental o como resultado del azar de la naturaleza. Existe una teoría en la cual se afirma que la existencia de este universo surgió de partículas de polvo. Al tratar de investigar los orígenes de la humanidad, algunos científicos han ignorado a Dios, como si hubiéramos brotado de la nada.

Otros científicos de criterio más amplio han comenzado a preguntarse, cómo es posible que un universo diseñado con tanta perfección o un organismo creado con tanta complejidad y orden como el ser humano, podría haber sido resultado del azar. Han existido grandes científicos que creían que sólo un Creador inteligente podría haber diseñado el universo, la naturaleza y todas las formas de vida, incluyendo al ser humano.

Aquellos que sondean las complejidades de la naturaleza con reverencia, reconocen con humildad que hay un poder superior responsable de este universo. Sin embargo, la mayoría de los seres humanos pasan la vida inconscientes del Creador invisible. Este es el resultado de haberle atribuido demasiada importancia al ser individual y a nuestras capacidades y poderes personales.

El orgullo de conocimiento abarca una amplia gama de trampas tendidas por la mente. Cuando el alma entra en el cuerpo, opera en el mundo a través de la mente. La mente tiene para su herramienta el cerebro. El cerebro es un órgano complejo que recibe las impresiones sensoriales del mundo. Desde la infancia se nos enseña una cultura que nos hace interpretar estas impresiones de cierta manera. Si captamos a través de los ojos que las manos juntas son señal de saludo, entonces cada vez que vemos a alguien haciendo ese gesto lo interpretaremos como un saludo. Sin embargo, en algunos países, las manos juntas no son señal de saludo, pueden significar que alguien está orando. En otros países, las manos juntas significan suplicar algo. El gesto es el mismo, lo percibimos de la misma manera, pero nuestro entrenamiento cultural nos conduce a interpretarlo con un significado particular.

Además de recibir e interpretar impresiones, el cerebro es un vehículo mediante el cual nos comunicamos con el mundo. Está capacitado para aprender el código de comunicación conocido como lenguaje. Por medio de esta habilidad podemos dar a conocer nuestros pensamientos a los demás. Podemos expresarnos verbalmente, así como a través de la escritura y los gestos corporales.

Hay muchas acciones involuntarias controladas por el cerebro tales como la respiración, los latidos del corazón y la liberación de hormonas que regulan las funciones del cuerpo. Hay ciertas acciones cerebrales que protegen el organismo humano, por ejemplo, cuando tocamos algo caliente los nervios envían un mensaje al cerebro y éste hace que los músculos retiren el dedo del calor. Cuando estamos en peligro, el cerebro acciona la función corporal que libera adrenalina, la cual provee la energía y fuerza para pelear o huir.

Muchos piensan que el cerebro es el centro del pensamiento. Pero hay una diferencia entre la mente y el cerebro. El cerebro es como un computador que desempeña muchas funciones. Pero la mente controla el cerebro. La mente es producto del plano causal de la creación. Esta región se compone de espíritu y materia. Puesto que la mente ejerce el control, muchas acciones y decisiones en este mundo se basan en el cumplimiento de sus deseos y anhelos. Ya que el objetivo de la mente es mantenernos esclavizados en el mundo, ella controla nuestros pensamientos, palabras y obras. Por su parte, el alma, como se ha olvidado de sí misma, se somete a la mente. A medida que el cuerpo crece, aprendemos a hablar y a actuar según nuestra cultura. Vamos al colegio y obtenemos el conocimiento de este universo físico. Nos bombardean incesantes impresiones sensoriales. El cerebro puede recibir información en billones de datos y luego almacenarla y recobrarla como lo hace el chip de un computador. El cerebro es un instrumento flexible usado por la mente para combinar toda la información de manera nueva y única. Así, los seres humanos son inventores e innovadores. Las palabras pueden combinarse en billones de formas para crear nuevas historias, nuevos libros, nuevas ideas y nuevos inventos. Las notas de la escala musical pueden ser combinadas en billones de formas para crear una amplia variedad de música. No tienen fin las creaciones que la mente puede generar. Ella puede mantenernos ocupados y absortos en este mundo por eones y eones, sin sentirse cansada ni aburrida. Siempre hay inventos y aparatos novedosos y emocionantes que se pueden crear para mantenernos enredados.

Cuando la mente genera nuevas ideas o inventos para cambiar y mejorar el mundo, ella se considera la creadora.

Olvida completamente que los colores de la paleta que usa para pintar son creación de Dios. Olvida que las notas de la escala que usa para componer música, son creación de Dios. Olvida que el maravilloso cerebro que usa para comunicarse con el mundo también es creación de Dios. Estamos tan orgullosos del conocimiento, de cuánto sabemos, de cuán creativos e inventivos somos, que olvidamos que las herramientas utilizadas son invención de Dios.

à.
Orgullo

El orgullo de conocimiento tiene varios efectos perjudiciales, de los cuales debemos hacer conciencia. No sólo olvidamos a Dios cuando pensamos que somos los creadores y hacedores, sino que muchas veces herimos a los demás. El orgullo de conocimiento se expresa cuando pensamos que somos mejores que los demás. Alguien atrapado en las garras de este tipo de orgullo creerá que siempre está en lo correcto. Y no solo piensa que está en lo cierto, sino que también se lo dice a los demás. Piensa que la otra persona está equivocada, que es incompetente o estúpida. Piensa que su estilo es el mejor. El efecto de esta clase de pensamiento va desde las simples molestias y pequeñas disputas hasta las guerras. ¿Cuántas vidas se han perdido a causa de que un gobernante pensaba que su punto de vista era el correcto y que por lo tanto quería eliminar a cualquiera que pensara de otra manera? ¿Cuántas guerras se libraron porque el líder de una nación creyó que su ideología era superior a la de los otros países?

La mayoría de discusiones repetidas una y otra vez en todos los hogares y oficinas se basan en el orgullo de conocimiento. Jefes y empleados discuten, compañeros de trabajo discuten, padres e hijos discuten, esposos y esposas discuten. Y la esencia de la mayoría de estas discusiones es una batalla de egos para demostrar quién está en lo correcto o cuál enfoque es el mejor. Así es como la mente mantiene al mundo enredado en conflictos inútiles. Por este medio, se le impide al alma llegar al conocimiento de sí misma. Si medimos lo que se demora cada discusión, podemos darnos cuenta del tiempo que hemos desperdiciado. Una discusión puede durar horas y días, incluso puede repetirse por meses y años. Así, el valioso tiempo que se nos ha otorgado para encontrar a Dios se esfuma. ¡Cuánto mejor sería utilizar ese tiempo para conocernos a nosotros mismos y conocer a Dios! ¡Sería mejor pasar ese tiempo en meditación disfrutando la bienaventuranza eterna del amor de Dios! ¡Cuánto más útil sería dedicar ese tiempo para ayudar a los demás!

El orgullo de conocimiento también les impide a numerosas almas la realización de Dios. Fuimos educados para creer en una u otra religión. Nunca pensamos que pudimos haber nacido dentro de otra religión y haber sido educados creyendo firmemente en otras enseñanzas. De esta manera, los creyentes de las diferentes religiones se vuelven dogmáticos sobre lo que aprenden en sus propios templos. Pocas personas piensan que no puede haber un Dios diferente para cada religión. Hay un solo Dios. Pocas personas dedican tiempo y esfuerzo al estudio comparativo de las religiones. Si lo hicieran, descubrirían que hay ciertas verdades comunes a todas ellas. Pero en lugar de esto, cada cual cree que su religión es el único camino.

En cada era, han venido almas iluminadas a enseñarle a la humanidad que hay un solo Dios y que todos somos sus hijos. Ellos vienen a unir la humanidad en amor y hermandad. Aclaran que todas las religiones en su esencia son iguales y que enseñan el mismo sendero hacia Dios. Las costumbres pueden ser diferentes, la forma de expresar los mismos conceptos puede variar, pero las verdades básicas son las mismas. Cuando estamos atrapados en el orgullo de conocimiento, no estamos dispuestos a escuchar a nadie. Por tanto, en lugar de descubrir las verdades básicas subyacentes a todas las religiones, nos tapamos los oídos. Cuando vinieron los fundadores de cada religión, enseñaron el método para realizar a Dios. Con el paso del tiempo el aspecto esotérico o interno de la religión se perdió y permaneció el exotérico o externo. Vivimos practicando ceremonias y ritos, pero jamás encontramos a Dios. Nos sentimos orgullosos de conocer las escrituras y asistir a templos de manera regular y también de cumplir con los ritos externos. Pensamos que eso es suficiente. Pero si abrimos nuestras mentes y corazones para aprender los fundamentos de nuestra religión, para ver lo que realmente enseñaron sus fundadores y para comparar lo esencial de cada religión, comprenderemos que hay una manera práctica para encontrar a Dios.

Aún al acudir ante una persona iluminada que puede mostrarnos el camino de regreso a Dios, nuestro orgullo de conocimiento se interpone. Con frecuencia, el orgullo nos impide seguir sus instrucciones con precisión. Juzgamos todo con el criterio de nuestro intelecto. En lugar de experimentar y practicar exactamente el método enseñado lo adaptamos a nuestro gusto. Solo escogemos lo que se ajusta a nuestras ideas preconcebidas. Si practicamos parcialmente las enseñanzas, los resultados serán parciales. Si queremos encontrar a Dios, tenemos que buscar un profesor y estar tan receptivos, como si fuéramos estudiantes de universidad. ¡Hasta qué punto puede progresar un estudiante universitario de química si en lugar de aprender lo que el profesor le enseña, discute con él y se rehúsa a escuchar porque cree que lo sabe todo? Necesitamos tener por lo menos una fe experimental para ensayar el método. Después de ensayarlo exactamente, el estudiante estará en condición de juzgarlo. Pero si no sabemos nada y escuchamos al profesor con orgullo de conocimiento, no ganaremos nada. Seremos como una copa que está boca bajo. ¿Cómo se puede verter agua dentro de una copa volteada?

Hemos visto cómo el orgullo de conocimiento es la causa de disensiones que van desde discusiones insignificantes hasta guerras. También hemos visto cómo nos enreda para que no dediquemos tiempo al desarrollo espiritual y cómo nos impide encontrar el método para realizar a Dios. Si estamos interesados sinceramente en regresar a nuestro Creador, entonces debemos ser conscientes de este obstáculo en el camino.

Existe también el orgullo de poder, que nos disuade del viaje interno. Orgullo de poder significa tratar de controlar a los demás. Queremos determinar la vida y destino de los que nos rodean. En el hogar, tratamos de dirigir la vida de los miembros de nuestra familia. No les dejamos espacio para sus necesidades o deseos individuales. Herimos a los demás al tratar de dominarlos. En la oficina usamos el poder para conseguir lo que queremos sin considerar a las personas que trabajan con nosotros. Mientras actuamos cortésmente con nuestros superiores, somos tiranos con los compañeros y subordinados. Tomamos decisiones arbitrarias para mostrarles cuán poderosos somos y algunas veces somos insensibles a sus necesidades. Tratamos siempre de imponer nuestros puntos de vista e ideas. Hemos visto cómo el orgullo de poder tiene efectos desastrosos a nivel mundial. Muchos dictadores han perseguido cruel y despiadadamente a quienes estuvieron bajo su dominio, incluso hasta matarlos.

Si deseamos regresar a Dios, debemos erradicar el orgullo de poder. Debemos realizar nuestras obligaciones con eficiencia y destreza, sin herir a nadie. Debemos ser amables, corteses y amorosos con las personas que trabajan con nosotros. Quizás creemos que somos omnipotentes, pero deberíamos tener presente que sólo Dios es realmente omnipotente. Si deseamos su compasión y misericordia, debemos ser compasivos y misericordiosos con los demás.

Finalmente, tenemos orgullo de riqueza. Nunca pensamos en la riqueza como un regalo de Dios. Cuando la perdemos culpamos a Dios, pero cuando la ganamos, ¿le agradecemos a Dios alguna vez? Y si la tenemos, ¿pensamos en compartirla con aquellos menos afortunados que nosotros?

Quienes recorremos el sendero espiritual debemos estar alerta para evitar este defecto. Deberíamos estar agradecidos si tenemos dinero y muchas posesiones. Pero no deberíamos ignorar a los necesitados. Deberíamos destinar alguna parte de nuestra riqueza para servir a la humanidad. Deberíamos considerar a la humanidad como una hermandad común y ayudar a quienes acudan a nosotros. Debemos tratar a todos por igual, sean ricos o no.

Los santos y místicos aman a todos independientemente de su posición social. Ellos ven la Luz de Dios que brilla en cada persona. Dan el mejor ejemplo de amor y humildad a todos los que se encuentran con ellos. Si los grandes santos y místicos que se han fundido en Dios son tan humildes, ¿cómo podemos tener el ego tan inflado? Todo lo que tenemos pertenece a Dios. Debemos eliminar este orgullo y reconocer que todo es un regalo de Dios.

ॐ

Cómo eliminar el orgullo

Podemos eliminar las diferentes formas de orgullo pensando en Dios. Si queremos que Dios entre en nuestro corazón, debemos eliminar el Yo y reemplazarlo por Tú, por Dios. Baba Sawan Singh explicaba hermosamente que al meditar, si bloqueamos la puerta parándonos en ella, Dios no podrá entrar. Pero si nos hacemos a un lado y esperamos, Él vendrá y nos llenará con su Amor, Luz y Música. Cuanto más eliminemos el ego, más gracia podrá entrar en nosotros. Finalmente, todo nuestro ser se impregnará de Dios hasta que nos fundamos en Él. Este es el secreto de humildad.

EJERCICIO

Obsérvese durante unos días y anote las ocasiones en que se manifieste su ego. Observe cómo el ego se expresa en el orgullo. Trate de reducir el número de veces en que el ego se manifiesta, reemplazándolo por humildad. Considere sus virtudes como dones del Creador y dé gracias a Dios silenciosamente por cada uno de ellos.

Cuando esté actuando con egotismo en su trato con los demás, tenga en cuenta que ellos también tienen la Luz de Dios en su interior. Trate de encontrar las formas de demostrar respeto y resuelva las diferencias equitativamente.

QUINCE

Servicio desinteresado

Existe una bella historia persa sobre un hombre que oraba a Dios para que le mostrara quién era el más devoto. Dios se le apareció. Le dijo que visitara a uno de sus devotos en cierta aldea. El hombre se puso en camino y cuando lo encontró se enteró de que el devoto nunca había ido en peregrinaje a la Meca. "¿Qué clase de devoto es éste?", se preguntó el hombre. Cuando preguntó por qué no había visitado la ciudad sagrada, el devoto le contó cómo finalmente, después de ahorrar suficiente dinero para el viaje, un vecino se acercó a pedirle dinero para su hambrienta familia. Entonces le dio el dinero ahorrado y no pudo hacer el viaje. El visitante dijo: "Tu peregrinaje ha sido aceptado. Dios me dijo que eras el mejor de sus devotos. Al servir a tus semejantes, te has convertido en el verdadero devoto y sirviente de Dios".

Todas las religiones recalcan la importancia de sacrificar el bienestar personal por el bienestar de los demás. Hay anécdotas en las diferentes religiones que relatan cómo alguien se ha ganado la gracia del Señor al haber ayudado a una persona necesitada. Aún si una persona no es santa o devota, un gesto noble que conduzca al alivio del sufrimiento de otro puede elevar su posición en los ojos de Dios.

Si solo pensáramos sobre nuestra propia reacción ante los ejemplos de servicio que vemos, tendríamos el indicio de por qué ésta es una cualidad tan importante. Muchas veces leemos en los periódicos o en las revistas o vemos en la televisión relatos sobre personas que hacen actos heroicos para ayudar a alguien. Con frecuencia nos conmovemos e inspiramos con los reportajes sobre aquellos que han arriesgado sus vidas por salvar a otros. Honramos los héroes que han muerto por la patria. Honramos como mártires a los que han tratado de ayudar a la humanidad y han perdido sus vidas en ese proceso. El servicio es una de las acciones más nobles que se pueden hacer en la vida.

Es raro que una persona corriente tenga que afrontar la decisión de dar su vida para salvar a otra persona. Sin embargo, hay numerosas oportunidades, cada día, para ayudar al prójimo. El sacrificio puede ser de nuestro tiempo, dinero, recursos o habilidades. De todas maneras, no escasean las oportunidades para contribuir al bienestar de la humanidad.

᠙

Qué es el servicio desinteresado

La primera pregunta será: ¿qué es el servicio desinteresado? El verdadero servicio es una expresión de amor. Sabemos que en este mundo no hay amor más grande que el de una madre por su hijo. Este sentimiento de afecto hacia el niño es tan grande que la madre automáticamente hace toda clase de sacrificios por la comodidad del niño. Se levanta a cualquier hora durante la noche para alimentarlo, renuncia a muchas actividades para cuidarlo. La madre gasta su dinero en las necesidades del niño antes que en las propias. Nadie le dice a la madre que haga este esfuerzo. Brota espontáneamente de su corazón. Ella no le pide al niño nada en retorno; es un deseo innato.

El verdadero servicio va más allá de la ayuda a nuestra familia, abarca a toda la humanidad. Es una cualidad noble tener sentimientos de amor por todas las personas, tanto por conocidos como por extraños. Una de las metas de la espiritualidad es desarrollar la cualidad del amor y el servicio hacia todos. Los sufíes dicen que Dios hizo a los seres humanos para que se amaran y se sirvieran mutuamente. Si quisiera solamente devoción, para eso ya tenía a los ángeles. Pero los seres humanos son los únicos en la creación que tienen la capacidad divina de amar y servir a los demás. Para convertirnos en seres humanos íntegros, necesitamos tener esta cualidad.

ॐ

Los beneficios del servicio desinteresado

El servicio desinteresado puede parecernos una paradoja. Para verdaderamente hacer el servicio desinteresado, no debe existir el deseo de recompensa o reconocimiento. Se da libremente, motivado por un deseo innato de ayudar a los demás. En el momento de dar, uno se olvida de sus propias necesidades, anhelos, comodidad y seguridad, para ayudar a otra persona. Existen aquellos que dan su propia vida por salvar a otros. La gente verdaderamente desinteresada no espera nada a cambio. La paradoja fundamental del servicio desinteresado yace en el hecho de que aunque no esperamos recompensa, se obtiene la recompensa máxima: la complacencia del Señor.

Este beneficio puede parecer intangible, pero es el mayor regalo en la vida para quienes están interesados en su desarrollo espiritual. Los beneficios se obtienen cuando al sentarse en el silencio del propio ser, se descubre que fácilmente se abre la puerta interna a la Luz, al amor y a la paz. Estos tesoros colman a las almas desinteresadas con un regocijo y plenitud internas, más allá de lo que pueden proporcionar los logros mundanos. Sant Darshan Singh solía decir que los beneficios recibidos por realizar el servicio desinteresado son tan grandes como los que se obtienen al dedicar igual cantidad de tiempo a la meditación.

Llevar una vida de no violencia, veracidad, pureza de corazón y humildad, contribuye a la ecuanimidad de la mente, la cual es necesaria para obtener experiencias productivas en la meditación. Pero el servicio desinteresado proporciona el ingrediente de gracia que ayuda a abrir las puertas internas.

Cuando ayudamos a alguien, nuestro corazón se expande para abrazarlo como miembro de la familia humana. Este acto, por sí solo, abre nuestra alma. Al irradiar el amor hacia los demás, el amor de Dios entra en nosotros a raudales. Cuando ocurre este intercambio, las corrientes del alma empiezan a elevarse hasta que experimentamos la Luz divina en el interior. Nuestras meditaciones reciben un impulso y el alma, plena de paz y regocijo, se remonta a los más elevados estados de conciencia. Así, por medio del servicio desinteresado aceleramos el logro de la paz y éxtasis internos.

❧

Servicio físico

Hay varias maneras de ayudar a los demás. Podemos ayudar con el servicio físico, intelectual o espiritual (el servicio del alma). Servicio físico significa que ayudamos a los demás en sus necesidades primarias en la vida tales como alimento, vestido, refugio y seguridad. El servicio físico involucra todas las actividades que satisfagan estas necesidades. Muchas veces la gente se dedica a estas obras para ganar su sustento. Así, tenemos aquellas personas que se desempeñan como constructores, granjeros, sastres, oficiales de policía y en una gran variedad de oficios donde pueden ganar salario y cubrir sus necesidades físicas. Hay gente que dedica voluntariamente su tiempo y esfuerzo al servicio físico de los demás sin percibir remuneración económica. Cuando la gente sufre alguna calamidad, o sucede un desastre natural, queda sin hogar, sin alimento, ropa ni medicina. Cuando le ayudamos en estas crisis, realizamos un servicio físico. Nuestro corazón se conmueve naturalmente cuando ve los rostros indefensos de aquellos que han perdido todo y que sufren hambre o enfermedad.

Sant Kirpal Singh fue en cierta ocasión a visitar a su tío en el hospital. Allí vio un anciano débil que yacía en la cama siguiente. Nadie cuidaba de él. Entonces, Sant Kirpal Singh con su propio dinero le compró medicinas, leche y frutas. Su tío le dijo que entendía que gastara dinero en él porque era su sobrino, pero que no podía entender por qué lo hacía por un extraño. Sant Kirpal Singh le respondió amorosamente: "Ambos son iguales para mí. Él tiene tanto derecho en reclamar mi servicio como lo tienes tú. En realidad, toda la creación tiene el mismo derecho sobre mí". Así deberíamos comportarnos con nuestros semejantes, tratarlos como hermanos y hermanas en Dios, con el mismo amor y consideración. Deberíamos averiguar si nuestros vecinos están enfermos y tratar de ayudarles. Como dice Sant Darshan Singh en su verso:

> Estamos comunicados con la luna y las estrellas;
> Pero no hemos llegado al corazón de nuestro prójimo.

৯৶

Servicio intelectual

La gente también tiene necesidades intelectuales. Los seres humanos son curiosos por naturaleza y desean aprender. Hay personas que satisfacen las necesidades intelectuales de la sociedad. Tenemos maestros, profesores, escritores y periodistas. Muchas personas se dedican a las artes, ya sea la música, la poesía, la pintura, la escultura o la danza. Estos campos creativos pueden satisfacer a la gente en su nivel intelectual y estético. Además, muchas personas ganan su sustento proporcionando estos servicios a los demás. Pero hay quienes lo hacen sin percibir ningún beneficio económico. Hay personas que voluntariamente dedican tiempo y esfuerzo para educar a otros o hacerlos felices por medio de las artes. El servicio intelectual contribuye a que la gente aprenda una habilidad u obtenga conocimientos que le ayuden en la vida. Hay muchas oportunidades para ayudar a la gente a desarrollarse intelectualmente, para mejorar su condición y beneficiar a la sociedad.

≈

Servicio al alma

Hay otra área del servicio desinteresado que satisface algo más que las necesidades físicas e intelectuales de la humanidad. La gente también tiene necesidades espirituales. Hay una necesidad inherente de conocer quiénes somos y averiguar sobre Dios. A través de la historia, todas las civilizaciones han ideado sistemas para entender la naturaleza del alma y de Dios. Ya sea por medio de religiones, filosofías o creencias, todas las sociedades han buscado soluciones a los misterios de la vida y de la muerte, del alma y de Dios. Aún ahora, la gente pertenece a una u otra religión, a uno u otro sendero espiritual, a una u otra fe y dedican tiempo a explorar los misterios internos. El servicio al alma consiste en ayudar a los buscadores de la verdad a encontrar la realización espiritual. Quienes han encontrado las respuestas, al terminar su viaje espiritual, tales como Maestros espirituales, místicos y seres iluminados, le prestan un gran servicio a los demás cuando dedican sus vidas a difundir el conocimiento divino. Dan respuestas que satisfacen la búsqueda espiritual de la humanidad. Pueden enseñar el aspecto teórico de la espiritualidad y también conceder experiencias prácticas para lograr las mismas metas internas que ellos han alcanzado.

Cualquier persona no puede satisfacer los anhelos espirituales de la humanidad. No es un empleo que uno pueda solicitar, ni es un trabajo que se pueda hacer a cambio de un salario. Es un área altamente especializada que sólo pueden ejercer aquellos que han alcanzado los más altos niveles espirituales. Este servicio solo pueden hacerlo los santos, místicos, profetas, Maestros espirituales, *murshids* y almas iluminadas. Sin embargo, cualquiera que se dedique diligentemente a las prácticas espirituales, puede llegar a la meta más elevada. Como solía decir Sant Kirpal Singh Ji: "Lo que una persona ha hecho, otra también puede hacerlo".

ৠ

Una persona puede hacer la diferencia

Mientras logramos nuestro desarrollo espiritual, le dedicamos tiempo a servir a la humanidad para que otros también puedan alcanzar la paz y felicidad perdurables. Queremos compartir nuestra alegría con todo el mundo. Sant Darshan Singh fue el ejemplo perfecto de alguien que verdaderamente se preocupaba por los demás. Su vida fue una larga canción de sacrificio, ayudando a los demás tanto física, como intelectual y espiritualmente. Como lo dijo en uno de sus versos:

Otros se preocupan de sus propias penas y aflicciones;
Sólo Darshan comparte el dolor y el sufrimiento de sus
    semejantes.

Quiere decirnos que si otros se preocupan solamente por ellos mismos, nosotros debemos abrir nuestros corazones y compartir el dolor y sufrimiento de los demás. Podemos preguntarnos qué puede importar el esfuerzo de una sola persona. Pero consideremos la situación de manera global. La mayoría de las personas, en el fondo de sus corazones, no solamente desean el progreso espiritual sino que oran por la paz en el mundo. La mayoría desea ver una época sin guerra, crimen, violencia ni hambre. Todos anhelamos ver el amanecer de la Edad de Oro. La belleza del sendero espiritual es tal, que mientras nos ocupamos del propio progreso espiritual, contribuimos a acelerar la llegada de la Edad de Oro. Cada uno ayuda a traer a la tierra una parcela del reino celestial. Esta es la meta por la que trabajan incansablemente, durante su vida, los grandes expertos espirituales. Ellos oran para que el reino celestial descienda a la tierra y para que el mundo se convierta en un paraíso de alegría, paz y amor. Con cada persona que irradia el amor de Dios y desarrolla las virtudes positivas, resulta una persona menos que causa dolor y sufrimiento a los demás en el planeta. También serviríamos de ejemplo a los que nos rodean. Cada persona que cultiva los valores espirituales se suma al número de gente que se esfuerza por lograr una forma de vida pacífica, amorosa y bondadosa. A su vez, ellos contagiarán a las personas con quienes se encuentren. Poco a poco, la gente de todo el mundo viajará junta por el camino del amor y de la paz.

Al servir desinteresadamente, expandimos nuestro corazón de manera que abarque a nuestra familia, a la comunidad, a nuestro país, al mundo y finalmente al cosmos. El servicio desinteresado proviene de la convicción de que todos somos miembros de la gran familia de Dios. El verdadero servicio desinteresado es más que ayudar a nuestra familia, pues abarca toda la humanidad. Es una noble cualidad sentir amor por todos, tanto por nuestros seres queridos como por los extraños. Una de las metas de la espiritualidad es ayudar a la humanidad a desarrollar el amor y el servicio universal.

Hay personas que con su entrega han contribuido a mejorar la calidad de vida del planeta. En todas las épocas hemos tenido personas que han trabajado incansablemente en la curación de las enfermedades concibiendo descubrimientos e inventos que brindan a la gente mayor comodidad y seguridad. Otros han ofrendado sus vidas en aras de la libertad y los derechos de los demás. Algunos han dedicado sus vidas a la evolución espiritual del ser humano. Cada persona, en su propio campo de acción y con el talento y las habilidades dadas por Dios, puede contribuir desinteresadamente para que el mundo se convierta en un lugar mejor para todo ser viviente.

EJERCICIO

Observe las oportunidades que se le presentan para hacer servicio desinteresado a los demás, a nivel físico, intelectual, económico y espiritual. Fíjese cómo responde usted a estas oportunidades.

Comience dedicando cada día algún tiempo al servicio desinteresado. Busque oportunidades que le permitan incrementar el tiempo dedicado al servicio desinteresado. Observe el efecto que esto tiene sobre su vida.

PARTE III

Paz externa

DIECISÉIS

Un mundo de unidad y paz

Si miramos un objeto cualquiera de la naturaleza o algún artículo elaborado por los seres humanos, quizás encontremos que en su forma hay belleza, simetría e integridad. Y cada vez que un objeto se rompe, se vuelve pedazos y se fragmenta, nos preocupamos y queremos botarlo o unir sus piezas de nuevo. Cuando algo que admiramos se daña, se perturba la paz de nuestro entorno y de nuestra mente.

Tenemos en nuestro interior un sentido innato de integridad y unidad. Este no sólo abarca los objetos, sino también las relaciones humanas. Anhelamos la unión en nuestras familias, con nuestros amigos, en nuestro equipo deportivo, así como también dentro de nuestra comunidad y país. Cuando una madre sostiene a su hijo en brazos, ambos se sienten en paz y satisfacción. Cuando dos seres que se aman se reúnen, sienten amor y alegría. Cuando dos amigos se reúnen sienten comprensión y felicidad. Cuando falta esta unidad, hay una sensación de desarmonía.

❧
Nuestra unidad esencial

La unidad es una condición que sustenta la creación de Dios. La paz que sentimos en la unidad es un reflejo de nuestro verdadero estado de existencia. Es un estado donde existe solamente uno. Esa unidad original es Dios Mismo. Muchas escrituras judeocristianas e hindúes se refieren al estado antes de que surgiera la creación y concuerdan en que en el principio solamente estaba Dios.

En el *Rig Veda* está escrito:

En el principio estaba *Prajapati*, el Brahmán, y con Él estaba el Verbo y el Verbo era en verdad el Supremo Brahmán.

En la Biblia está escrito:

Todo se hizo por el Verbo y sin Él no se hizo nada de cuanto existe. En Él estaba la vida y la vida era la luz de los hombres.

No había división, ni separación ni dualidad. Él era un océano sin forma de omnisciencia total, bienaventuranza total y Luz total. No había castas, ni religiones ni nacionalidades. Fue únicamente cuando Dios decidió expresarse a Sí Mismo y dar a luz a la creación cuando la unidad se convirtió en dualidad. Lo que era uno se convirtió en muchos. Las escrituras citadas arriba se refieren a este impulso inicial. Describen la creación como a Dios expresándose a Sí Mismo en dos manifestaciones primarias: la Luz y el Sonido.

Como parte de Su plan divino para la creación, separó partes de Sí Mismo y les envió para habitar estos mundos. Estas pequeñas partículas de su esencia se llamaron almas. Participan de las cualidades de Dios: conciencia, bienaventuranza y Luz. Cuando fueron enviadas a los diferentes mundos, se cubrieron con cuerpos externos hechos de la substancia material del plano en que residirían. En los reinos puramente espirituales, ellas eran todo espíritu. A medida que descendieron hacia las regiones hechas de materia, fueron cubiertas con capas de esa misma materia. De manera que en este plano físico, ellas residen en cuerpos físicos. Durante eones de tiempo, el alma se ha identificado con el cuerpo y la región en que habitaba. Infortunadamente, ella se ha olvidado de su verdadera identidad como alma.

Si pudiéramos mirar este mundo físico desde un plano superior, veríamos la luz de miles de millones de almas resplandeciendo por todo el mundo. Como un mar espumoso, pasan constantemente de una vida a otra, cambiando de forma. Consideradas desde su verdadera perspectiva, todas las almas son de la misma esencia. Todas son parte de la conciencia de Dios; todas ellas son Luz y participan de una bienaventuranza innata. Pero si miramos la condición de nuestro mundo, quedamos horrorizados y consternados por el sufrimiento y el dolor al cual están sometidos los seres vivientes. Encontramos conflictos y disensiones en todo el mundo. Hay países en guerra. Muchas naciones están envueltas en conflictos internos. Vemos que hay enfrentamientos entre grupos religiosos. La violencia urbana se ha extendido. Incluso hallamos discordia y desarmonía dentro de las familias. Encontramos que los seres humanos no solo matan a otros seres vivientes, sino que se matan entre sí.

Nos preguntamos cómo es posible que haya tanto dolor y tormento ocasionado por personas que tienen dentro de sí la misma esencia divina. Esta aparente "división fragmentaria" de Dios en tantas almas tenía como propósito aumentar la felicidad del Señor. Del mismo modo que una pareja engendra hijos para incrementar su amor y alegría mutua, así Dios creó tantas almas, tantos hijos. Sin embargo el resultado está lejos del propósito original. A pesar de que somos paquetes móviles de bienaventuranza y omnisciencia, somos conscientes de ese gran dolor y tormento.

Volver a descubrir nuestra unidad

Si pudiéramos regresar a nuestro verdadero estado y comprender que somos almas, encontraríamos la paz y el éxtasis perdurables. Si pudiéramos penetrar profundamente dentro de nuestro ser, yendo más allá de las formas externas de este cuerpo y mente físicos, encontraríamos un manantial de paz y de felicidad eternas. Descubriríamos el secreto de la unidad básica de este universo.

Cuando examinamos nuestra vida diaria, quizás nos preguntemos cómo es posible realizar nuestro verdadero ser y alcanzar a Dios. Ya han transcurrido muchos años de nuestra vida y no hemos desarrollado ninguna conciencia espiritual. Como en cualquier campo de aprendizaje, necesitamos tener una educación apropiada, un profesor experimentado y la técnica correcta. El conocimiento espiritual de nuestra alma y de Dios está disponible para todos y ha estado al alcance de la humanidad en todas las épocas. Hay mucha gente afortunada que ha descubierto la unidad y la paz dentro de sí misma. Al haber reconocido su verdadero ser y al Creador, sienten el anhelo de compartir su experiencia con sus semejantes. La bienaventuranza que disfrutan es tan grande que desean que el mundo entero también la experimente. A estas almas compasivas se les conoce como santos, místicos, profetas o maestros espirituales. Ellos quieren acabar con el sufrimiento en este mundo causado por la ignorancia de nuestra verdadera naturaleza.

Todos han utilizado el método de la inversión para encontrar su verdadero ser. En las diversas escrituras se refieren a este proceso como oración, contemplación, adoración o meditación. Como quiera que se le denomine, el proceso es el mismo. Debemos concentrar nuestra atención dentro de nosotros. Los grandes santos y místicos que vinieron a este mundo les enseñaron esta técnica a sus discípulos. Infortunadamente, después de que ellos partieron del mundo, se perdieron las instrucciones originales, que usualmente eran transmitidas de manera verbal y secreta a sus discípulos. Por lo tanto, lo que ahora nos queda son los ritos y ceremonias que seguimos en las diferentes iglesias, templos y otros lugares de adoración. Somos afortunados porque en los tiempos modernos tenemos acceso a las instrucciones para la meditación que se encuentran a disposición de toda la humanidad, y cientos de miles de personas se han beneficiado de ellas. A través de la meditación podemos conectarnos con la fuente de la bienaventuranza, la Luz y la alegría dentro de nosotros y regresar a nuestro estado original de unidad con Dios.

ے

Unión con Dios

Es difícil describir con las limitaciones del lenguaje humano el éxtasis absoluto que uno experimenta cuando se vuelve a reunir con Dios. Se siente una paz, satisfacción y armonía que nos llenan absolutamente. El alma logra su realización final y descansa eternamente en la alegría y la felicidad. La única comparación que nos da alguna idea de cómo es este estado de arrobamiento, es la felicidad que siente una madre cuando su hijo está en sus brazos o la felicidad de la unión nupcial. Aún estas comparaciones son pálidos reflejos del deleite que experimenta el alma cuando regresa al regazo de Dios.

El alma que alcanza la unión con Dios logra un gran despertar de la conciencia. Se reconoce a sí misma como alma que se ha fundido con el Alma Suprema. Comienza a ver la Luz del alma en todos los demás seres. Su visión espiritual está completamente abierta y ve a todos los seres vivientes como partes de Dios. Se da cuenta que toda alma de la creación es hija de Dios y por lo tanto, su propia hermana. En un alma así brota el amor por toda la creación. Cuando mira a otro ser humano, a un animal o a una planta, ve la Luz de Dios brillando dentro de ellos. Así como tenemos un amor innato por nuestra familia, comenzamos a amar a toda la creación con ese mismo amor.

❧

Cómo lograr la unidad humana

Muchas almas de corazón noble han estado llamando por la unidad humana. Esta tendencia se ha incrementado en las últimas décadas. Sin embargo, a pesar del crecimiento popular de los movimientos por la unidad, todavía encontramos conflicto y discordia en el mundo. Los discursos y los congresos son motivados por elevados ideales. Ellos inspiran a los participantes a dirigir su atención hacia la meta de la unidad. Pero la unidad solamente se logra a nivel personal, cuando cada uno la experimente por sí mismo. Cuando nos sumergimos en Dios y vemos su Luz en todo ser, hemos logrado verdaderamente la unidad. Después será más fácil amar a todos, porque veremos nuestro propio ser en cada criatura. Si en verdad deseamos lograr la unidad humana, primero debemos experimentarla nosotros mismos.

¡Tan solo imaginen cuán bello sería el mundo si cada persona viera la Luz de Dios en todas las demás formas de la creación! Podríamos exclamar como Sant Darshan Singh lo expresó en uno de sus exquisitos versos:

> He aprendido a amar a toda la creación como mía,
> Tu mensaje de amor es el sentido mismo de mi vida.

Habría un ambiente de paz y tranquilidad. La amabilidad fluiría de nuestros labios. La ternura se irradiaría en nuestras acciones. La dulzura brotaría de nuestros ojos. Todo aquel que entrara dentro de nuestro ámbito sentiría serenidad y alegría. Si alguien ha tenido la buena suerte de haber estado en la compañía de los grandes Maestros espirituales, habrá experimentado amor y paz maravillosos en su compañía. Cada vez que nos acercamos a un Maestro espiritual con el corazón atribulado, sentimos que nuestro dolor se alivia y nuestra carga desaparece. Él nos habla amorosamente, nos abraza con afecto y se preocupa por nosotros con todo su corazón y su alma. El mundo y sus problemas desaparecen ante su presencia. Sentimos como si estuviéramos viviendo momentos de eternidad. El tiempo se detiene y nuestras dificultades se desvanecen. Este es el resultado de estar en la compañía de alguien que se ha fundido en Dios y que ama a toda la creación como si fuera su familia. Cada uno de nosotros puede lograr lo que ellos ya han logrado. ¿No sería maravilloso si sintiéramos este amor y armonía irradiando de toda persona que encontráramos?

El mundo se hizo para ser un jardín del Edén y un refugio de bienaventuranza. Para lograr el paraíso en la tierra, cada uno de nosotros debemos hacer una contribución. La paz y la unidad comienzan en nuestro interior. No podemos esperar que los demás irradien armonía y unidad si nosotros mismos no estamos preparados para cultivarlas en nuestras propias vidas. Cada uno de nosotros debe hacer su pequeña parte para lograr el cumplimiento de este noble sueño. Podemos lograr esta condición mediante el proceso de la meditación que conduce al conocimiento de nosotros mismos y a la realización de Dios.

Cuando comenzamos a tener amor por todos, ocurre una transformación en nuestro interior. Cambia todo nuestro comportamiento con los demás. Dejamos de ser violentos en nuestro trato con ellos. Comenzamos a tener comprensión y compasión con las idiosincrasias y hábitos de los demás. Dejamos de criticar a la gente en nuestras mentes. Primero, nos damos cuenta de que ellos están envueltos en los velos de la ignorancia y la ilusión de este mundo. Sabemos que en lo más profundo de su ser está el alma, una parte de Dios, y que son solamente sus mentes y su estado de ignorancia espiritual la causa del comportamiento que tienen. Segundo, estamos tan llenos del amor de Dios y de la bienaventuranza, que no queremos distraernos con pensamientos triviales acerca de los demás. Estamos tan lejos de las banalidades en que se involucra la gente, que no las percibimos. Criticar a los demás en nuestros pensamientos nos aleja del estado de felicidad que nos proporciona la unión con Dios. Cuando nuestros pensamientos están colmados del amor divino, nuestras palabras se vuelven dulces y amorosas. No le diremos nada hiriente a nadie. La gente que se nos acerque escuchará solamente palabras de amor y bondad. Y si alguna palabra imprudente se escapa por accidente de nuestros labios, de inmediato sentiremos el dolor que hemos causado a la otra persona y nos apresuraremos a pedirle disculpas para restablecer la relación. Nos volveremos tan sensibles con los corazones de los demás que desearemos que no les ocurra nada malo. Finalmente, nunca le haremos daño físicamente a nadie. No seremos violentos con nadie. Incluso tendremos consideración por la vida de los animales. Por esta razón, las personas que de verdad quiere llegar a Dios se vuelven vegetarianas. No quieren quitarle la vida a ninguna criatura, porque ven la Luz de Dios brillando en toda la creación.

Cuando se alcance esta unidad, desaparecerán las diferencias que separan a los seres humanos. Así como Sant Darshan Singh lo expresó en uno de sus versos:

> Tus bebedores están divididos por el templo y la mezquita;
> Quita las barreras que los separan, ¡oh Escanciador!

❧

Unidad en la diversidad

Ya sea que oremos en un templo o en una mezquita, todos nos daremos cuenta de que cada persona, sin importar la religión donde haya nacido, le ora al mismo Dios. Reconoceremos que Dios es uno, sea que lo llamemos Dios, Alá, Jehová, *Wahiguru*, *Paramatma*, Alma Suprema, el Poder Creador del universo o por cualquier otro nombre. Veremos la unidad en la diversidad de la vida. No nos importará si alguien es hindú o musulmán, sij o jaíno, budista o parsi, cristiano o judío. Reconoceremos la Luz de Dios en cada ser, ya sea de piel negra, blanca o trigueña. Sabremos que Dios reside en toda persona, aunque haya nacido en Asia, África, Australia, Norteamérica, Sudamérica o Europa. Percibiremos que la Luz de Dios brilla en todos. Apreciaremos las diferencias ocasionadas por la tradición y las culturas, pero veremos que hay una unidad subyacente en todos los seres vivientes.

Por medio de la meditación, podemos transformarnos en embajadores del amor y la Luz de Dios sobre la tierra. Hay muchas metas por las que la gente lucha en la vida. Pero la meta suprema a la que nos podemos dedicar es la unidad humana. El sendero hacia la unidad comienza con cada uno de nosotros. Primero, debemos lograr la unión con Dios. Luego, la unidad humana se convertirá en un subproducto natural. Esparciremos la fragancia de la unidad por todas partes. Otros serán inspirados con nuestro ejemplo y comenzarán a emularnos. Uno a uno, paso a paso, todos los seres humanos encontrarán que pueden lograr la verdadera felicidad y la realización personal al fundir sus almas con Dios por medio del proceso de la meditación. De esta manera, podemos traer la paz y la unidad a nuestro planeta. Ya hemos pasado mucho tiempo de nuestra vida involucrados en la búsqueda de metas y logros mundanos. Podemos evaluar cuánta felicidad hemos alcanzado. Podemos observar si hemos eliminado de nuestras vidas el sufrimiento, el dolor y las dificultades. Podemos considerar la situación del mundo.

Se nos aseguran la paz y la unidad si fundimos nuestra alma con Dios. Si sentimos que esta es una meta que deseamos alcanzar en los años que nos quedan de vida, hay un camino para volver esto realidad. Es mi esperanza y oración que toda persona encuentre la paz y la unidad internas, y que pueda difundirlas por todo el mundo. Debemos nuestra gratitud a los grandes Maestros espirituales que nos han suministrado las herramientas y la técnica para alcanzar esta meta. Aprovechemos esta oportunidad dorada, porque no solo nos ayudará a nosotros y a nuestros seres queridos, sino que transformará el mundo en un lugar de paz y de unidad.

Tal como Sant Darshan Singh expresó en este verso:

Que los lazos de la hermandad nos reúnan a todos,
Y el universo entero esté en paz bajo tus alas protectoras.

EJERCICIO

Examine sus propias actitudes hacia la unidad humana. Trate de reconocer cualquier indicio de prejuicio o discriminación de su parte hacia personas de otras nacionalidades, religiones o clases sociales.

Piense en la gente o en los grupos hacia los cuales tiene prejuicios. Reconozca que la misma Luz de Dios está tanto en ellos como en usted. Haga la prueba de reconocer la Luz de Dios en las personas que se encuentre. Note el efecto que tiene esta nueva forma de pensar en su vida.

DIECISIETE

Ecología del alma

En las últimas cuatro décadas hemos presenciado más avances científicos y tecnológicos que en toda la historia registrada anteriormente. Los científicos han descubierto muchas de las leyes que gobiernan la naturaleza. Mientras más aprenden acerca de los misterios de la naturaleza, más se maravillan de la perfección del universo. Ahora muchos proclaman que el universo no puede ser un accidente, sino que debe obedecer a un designio de algún poder superior.

Hay un balance perfecto en la naturaleza. Nuestro mundo, nuestro medio ambiente y la misma naturaleza, forman un sistema viviente e interdependiente. Mirando desde la perspectiva apropiada, no hay división ni dualidad. La vida misma parece ser una sola unidad. Es una entidad viviente y consciente. Fue formada por las manos del Creador y animada con su aliento de vida.

El equilibrio perfecto de la naturaleza que ha mantenido la vida en el planeta durante millones de años está siendo amenazado por la misma tecnología que ha transformado al mundo moderno. A diario la prensa reporta nuevas amenazas al medio ambiente. El aire que respiramos, el agua que bebemos y la tierra de la cual derivamos nuestro alimento están siendo contaminados progresivamente. La misma atmósfera protectora de la tierra está en peligro. El interés por la ecología de nuestro planeta no se limita a ningún país ni región del mundo. Encaramos un problema global.

El interés por la ecología se ha convertido en una de las principales preocupaciones del mundo. Si examinamos la etimología de la palabra "ecología" encontramos que viene del idioma griego. La palabra *oikos* quiere decir "casa" o "morada" y *logos* quiere decir "el estudio de". Entonces la palabra originalmente quería decir "el estudio de nuestra casa o lugar de habitación". Hoy en día cuando pensamos en el estudio de nuestro medio ambiente, nuestros pensamientos se dirigen a la tierra y a la Madre Naturaleza. Podemos dividir este estudio en cuatro áreas: comprender los ciclos de la naturaleza, ser conscientes de los efectos de la contaminación, aprender a restaurar la naturaleza a su belleza prístina y poner en práctica métodos para preservar la pureza de la naturaleza. Podemos analizar estas cuatro áreas así: ciclos naturales, contaminación, restauración y preservación.

Hay otra manera de comprender la palabra ecología. Los santos y místicos se refieren al cuerpo físico, que Dios mismo ha creado, como nuestro hogar o morada. El habitante de esta casa es el alma. Las escrituras nos dicen que tenemos una responsabilidad de mantener y preservar la pureza y la belleza del alma y la de su morada. Infortunadamente hemos ignorado casi del todo nuestro aspecto espiritual y hemos sacrificado su pureza en aras del mundo transitorio.

Me gustaría examinar la "ecología del alma". Las mismas cuatro áreas de estudio se aplican tanto a la ecología externa como a la interna. Hay leyes y ciclos fundamentales que se aplican tanto al espíritu como a la naturaleza. Podemos tomar conciencia de cómo la contaminación nos afecta tanto internamente, así como afecta al mundo que nos rodea. Podemos aprender cómo restaurar la naturaleza y nuestro propio ser a su belleza original. Y podemos poner en práctica los métodos para preservar nuestra pureza espiritual.

¿&

Ciclos naturales

Todos los seres vivientes conforman un tapiz perfecto. Las leyes y ciclos fundamentales sustentan su existencia. El ciclo de la vida en la naturaleza es un ejemplo de interconexión perfecta. El agua de los mares se evapora. En este proceso, las impurezas y los minerales son eliminados. El vapor forma las nubes, que son arrastradas por el viento. Cuando las nubes encuentran aire fresco, el agua se condensa en gotas y se precipita en forma de lluvia o de nieve que nutre la vida. Durante incontables edades este ciclo ha traído el agua de los abundantes mares hacia la tierra, para que tanto los animales como los seres humanos tengan agua dulce para beber y para que las plantas verdes florezcan.

Con todos nuestros avances, no hemos diseñado una tecnología que pueda duplicar el método mediante el cual las plantas verdes convierten la luz del sol, el bióxido de carbono y el agua, en alimento y oxígeno. A través de este sencillo proceso la tierra recibe una provisión fresca de oxígeno necesaria para todo ser viviente, y de esta manera permanece a disposición una inagotable reserva de alimentos.

Hay un diseño perfecto en la naturaleza. Aún la muerte ayuda a producir la vida. Cuando las plantas y los animales mueren, sus cuerpos descompuestos proporcionan los minerales esenciales para los cultivos. Después de millones de años el material descompuesto se convierte en combustible fósil para producir energía. El sistema ecológico que Dios creó en nuestra tierra es tan extraordinario que hace de nuestro planeta el único habitable en todo nuestro sistema solar.

Así como los otros ciclos naturales, tales como el del agua, de las plantas y del petróleo, también existe el ciclo del alma. El viaje del alma comenzó con la creación de los universos y ha continuado desde entonces.

Las escrituras nos dicen que en el principio Dios estaba completamente solo. Él era un Océano de conciencia y bienaventuranza total. Luego decidió convertirse de uno en muchos. Este pensamiento inició una vibración que resultó en dos manifestaciones primarias: Luz y Sonido. Todas las escrituras se refieren a la Luz y el Sonido de diferente manera. Este Verbo o *Naam* fue el Poder de Dios en expresión. Él creó los diversos planos de existencia: el plano puramente espiritual o *Sach Khand*, el plano supra-causal, el plano causal, el plano astral y los reinos materiales de este plano físico. Creó a los seres humanos y a las demás especies de vida. Este es el Poder Creador que mantiene funcionando al universo en perfecta simetría y armonía, manteniendo a los planetas en sus órbitas y a las estrellas en los cielos.

El alma es una chispa de ese principio creador. Es la fuerza vivificante dentro de nosotros. Mientras el alma habite el cuerpo, el cuerpo vive. En el momento de la muerte física, el alma parte del cuerpo para siempre. Cuando Dios creó los universos, separó almas de Sí Mismo para habitar los mundos. De esta manera comenzó el ciclo del alma. Por eones han habitado los distintos planos de la creación, tomando residencia en uno u otro cuerpo. Cuando el período de vida de éste termina, el alma regresa para habitar en otro cuerpo. Así como muere una planta en el invierno para regenerar en primavera, así mismo transmigra el alma. Cuando una vida termina, el alma comienza otra en una nueva forma. Nada se pierde en la naturaleza. El alma, siendo una chispa del Dios inmortal, nunca muere. Simplemente se desplaza de una forma de vida a otra.

Cuando Dios separó almas de Sí Mismo, también les ofreció un camino para que regresaran a Él. El camino de regreso hacia Él es a través de la Corriente del *Naam* o Verbo. Pero en el esquema de la creación, se ha dado la orden de que el alma no recuerde sus existencias anteriores hasta que haya logrado su evolución espiritual. Si recordáramos los nacimientos anteriores, nuestra vida presente se complicaría de tal manera con el recuerdo de los vínculos anteriores, que sería difícil manejar nuestras relaciones actuales. Estaríamos buscando a nuestros padres, esposos e hijos de los nacimientos anteriores. Por lo tanto una nube de olvido cubre a cada alma cuando ésta vuelve a nacer. Ella también ha olvidado su verdadera naturaleza como alma, una gota de Dios. En sus nacimientos sucesivos, en su estado de ignorancia, el alma se identifica con la mente y el cuerpo. En vez de buscar el camino de regreso a su fuente, ella se siente atraída hacia las tentaciones del mundo.

El conocimiento del verdadero ser yace sepultado en la parte más recóndita y profunda del alma. Como un diamante enterrado profundamente en la tierra o como las capas del valioso petróleo que yacen muy por debajo de la superficie de la tierra, nuestro tesoro más precioso, el alma, yace enterrada debajo de las capas de la mente, la materia y la ilusión. Necesitamos comunicarnos con ella durante el lapso de vida actual para descubrir nuestro recurso más grande.

༄

Contaminación

El siguiente aspecto de la ecología interna y externa es la contaminación. Así como el agua y el aire, el alma tiene una belleza innata propia. Está hecha de la misma esencia de Dios. Como Sant Kirpal Singh dijo: "Dios es amor, el alma como es de la misma esencia de Dios también es amor, y el camino de regreso a Dios es a través del amor".

Por millones de años nuestra tierra ha tenido aire limpio y agua fresca, pero la explotación del planeta ha ensuciado estos recursos. Hemos contaminado el aire, el agua y la tierra, y estamos destruyendo la capa de ozono del planeta, sus bosques y sus animales. Del mismo modo, nuestro apetito insaciable por gratificar nuestros sentidos ha contaminado la pureza natural del alma.

Cuando el alma habita en un cuerpo físico, ella tiene que actuar a través de una mente física y de los órganos de los sentidos. Muchos de nosotros pensamos que el asiento de la inteligencia es el cerebro. Pero el cerebro no es más que un instrumento, como un complejo computador, a través del cual el alma se comunica con el mundo externo y recibe de él sus impresiones. El operador detrás de la maquinaria del cuerpo y de la mente es el alma. El alma debería estar en control de la mente y el cuerpo, pero la situación se ha invertido. La mente ahora dirige al alma, y la ha capturado en las impresiones sensoriales del mundo.

Las escenas y sonidos, los aromas y sabores, y las sensaciones seductoras del mundo han atraído nuestra atención, que es la expresión externa del alma. Como resultado nuestra atención ha sido arrastrada hacia afuera a través de las nueve puertas del cuerpo: dos ojos, dos fosas nasales, dos oídos, la boca y los dos órganos inferiores. La mente, siendo una amante de los placeres, ha arrastrado nuestra conciencia hacia el mundo físico y nos hemos olvidado de nuestro verdadero ser.

Pasamos nuestra vida atrapados en los placeres sensuales y mundanos. Hemos llegado a creer que el propósito de la vida es acumular bienes mundanos y materiales, tales como riqueza, posesiones, relaciones, fama y poder. Nos olvidamos de que ninguno de éstos nos puede acompañar cuando muramos. Son tan efímeros como los espejismos del desierto. Partimos del mundo como vinimos a él, como almas, despojadas de bienes materiales.

Para muchos, esta comprensión les llega demasiado tarde. Los deseos mundanos y los placeres se asientan como polvo sobre el alma pura. Después de regresar al mundo por eones, nuestra alma se ha cubierto de tal manera con la contaminación de las impresiones del mundo, que no nos podemos reconocer a nosotros mismos. Pero hay algunas almas afortunadas que experimentan un despertar. Llegan a comprender que la vida tiene un significado espiritual. Un deseo innato por la inmortalidad mueve a estas almas a resolver el misterio de la vida y de la muerte. Cuando los interrogantes de quiénes somos, por qué estamos aquí y a dónde vamos surgen dentro de nosotros, se enciende una chispa espiritual. No podemos descansar hasta que descubrimos la respuesta. Un llamado sincero brota desde lo más profundo de nuestro ser y le oramos a Dios por guía y ayuda.

※

Restauración de la belleza del alma

El tercer aspecto de este tema es la restauración de la belleza del alma. Los ecólogos que trabajan para limpiar nuestro aire y agua contaminados, y para liberar a los animales atrapados en manchas de petróleo derramado, son los héroes y heroínas ambientales de nuestro tiempo. También existen en el mundo ecólogos del alma. Estos seres han realizado la belleza prístina del espíritu y son conscientes de estos contaminantes que la cubren con capas de mugre y suciedad. Ellos también están trabajando constantemente para encontrar a aquellos buscadores atrapados en los deseos mundanos, para liberarlos.

A los ecólogos divinos se les conocen más comúnmente como santos y místicos, profetas y maestros espirituales que han venido en todas las eras. Ellos se han liberado y purificado de todo lo que contamina el alma, y es más, son capaces de liberar a otros. Han liberado sus almas de las limitaciones del cuerpo físico y han ascendido en una corriente pura y divina, de regreso a Dios.

Los santos y místicos pueden escuchar el clamor de las almas que anhelan ser libres. Ellos nos pueden mostrar nuestra verdadera naturaleza. Nos enseñan cómo analizarnos a nosotros mismos, para poder separar nuestro ser o alma de las capas de la mente, materia e ilusión que lo cubren. Para lograr esto nos enseñan un método de meditación.

🍂

Preservación de la belleza natural del alma

El cuarto aspecto de la ecología interna es la preservación de la belleza natural del alma. Una vez que tenemos una experiencia directa de la Luz y del Sonido internos, nos damos cuenta de que no somos cuerpos sino almas. Comprendemos que existe una realidad superior dentro de nosotros. Este es el comienzo de la jornada hacia nuestro verdadero Hogar.

Los Maestros espirituales nos enseñan aquellas prácticas que nos ayudan a limpiar la suciedad acumulada durante edades. Hay dos cosas que ayudan a purificarnos rápidamente: el agua purificadora del *Naam* y la vida ética.

Una vez que se nos enseña el método de la meditación y recibimos un contacto con la Luz y el Sonido de Dios, necesitamos ocuparnos de las prácticas internas cada día. Necesitamos sacar a diario un tiempo de la vida cotidiana para comulgar con la corriente interna de la Luz y el Sonido. Cuanto más veamos y escuchemos la Luz y el Sonido internos, tanto más se limpiará nuestra alma y se lavará de las impresiones mundanas.

El segundo factor de ayuda que nos enseñan es llevar una vida ética. Para progresar en nuestro viaje espiritual interno, necesitamos vencer la ira, la lujuria, la codicia, el apego y el ego. Estos son los cinco contaminantes que cubren la pureza del alma. Ellos arrastran nuestra atención hacia el mundo. Si analizamos estas cinco características negativas, vemos que todas son motivadas por nuestro deseo de placeres transitorios y mundanos. Por ejemplo, nos enojamos cuando algo interfiere con el logro de nuestros deseos mundanos. La lujuria es causada por el deseo de gratificar nuestros sentidos. La codicia resulta de nuestro deseo insaciable de acumular, ya sean posesiones, riquezas y poder o reputación y fama. Cuando obtenemos cualquiera de estos nos apegamos a ellos y olvidamos los valores espirituales y nuestra naturaleza espiritual. El ego surge del orgullo de nuestros logros transitorios: la riqueza, el conocimiento mundano y el poder.

Para vencer estas cinco cualidades negativas, necesitamos examinar todos los días nuestros pensamientos, palabras y obras. Esto nos suministra una imagen realista de los contaminantes que mancillan el alma. Entonces podemos decidirnos a mejorar al día siguiente.

Los Maestros espirituales ponen gran énfasis en vivir éticamente y hablan de ello como el primer paso hacia la espiritualidad. Sant Kirpal Singh solía decir que es difícil llegar a ser un ser humano en el verdadero sentido de la palabra; pero una vez que lo hayamos logrado, es relativamente fácil encontrar a Dios. Lo que se requiere no es ni más ni menos que la transformación total en nuestra vida.

Si nuestro planeta ha de sobrevivir con sus sistemas ecológicos interdependientes, nosotros tenemos que aprender a vivir en armonía con toda la creación. Si estamos contaminando nuestro mundo, significa que no nos importa nadie más. Si nos preocupáramos por nuestra familia, si nos preocupáramos por nuestro prójimo, no haríamos nada que contaminara el medio ambiente para no dificultarles la vida a los otros seres humanos. Todo el problema ecológico podría resolverse si nosotros como seres humanos comenzáramos a comprender que cada forma de la creación que habita la tierra es un alma encarnada. Si nos damos cuenta que el alma que hay en nosotros es igual a la que habita en todo ser, ya sea planta o animal y que viene de la misma Fuente, de la misma Alma Suprema, de Dios, entonces amaremos a todos los seres vivientes y los cuidaremos. Veremos la Luz de Dios en todo ser viviente. ¿Qué significa el amor? Amor significa realmente preocuparse por alguien. El amor no es solo atracción física. El amor divino, el amor verdadero, es preocuparse en verdad por otra persona. Y preocuparse por alguien significa que no quieres hacerle la vida difícil. Si todos en este mundo comenzáramos a considerar a los demás como hermanos y hermanas, como seres de la misma esencia de Dios, entonces no haríamos nada que los hiriera. Trataríamos de vivir de manera que no contamináramos el medio ambiente en que viven otras personas. A través del proceso de conectarnos con la Luz y el Sonido de Dios, comenzamos a ver la Luz de Dios en todos los seres y comenzamos a creer en la fraternidad de hombre y la Paternidad de Dios. Una vez que alcanzamos ese estado, esto se refleja en nuestras propias vidas y ayuda a la sociedad y al país en que vivimos y al mundo entero.

Tenemos que desarrollar un respeto tal por nuestro medio ambiente que no ignoremos los derechos ni la contribución, ni siquiera de la más insignificante de las criaturas. Los ecólogos son tan sensibles que evitan alterar todo lo que pueda descompensar el equilibrio de la naturaleza. Similarmente, cuando avanzamos espiritualmente, comenzamos a ir por la vida con sensibilidad. Ya no herimos los sentimientos de los demás. Tratamos a los demás con amor y amabilidad. A medida que desarrollamos las virtudes positivas y continuamos meditando en el Sagrado *Naam*, observamos que desaparecen las imperfecciones y los contaminantes que nos cubrían, y recuperamos nuestra pureza original.

Los ecólogos comprometidos sienten la obligación de trabajar en la preservación de la pureza ambiental. Hacen cuanto pueden por vivir en armonía con la naturaleza. Similarmente, aquellos que llegan a conocerse a sí mismos y a realizar a Dios, también tienen un sentido de responsabilidad. El logro de las riquezas espirituales no es un fin en sí mismo. Uno desarrolla un profundo amor por toda la creación. Uno ve la mano de Dios detrás de cada hoja de hierba. Este respeto y amor por la vida se manifiesta en el servicio desinteresado.

Aquellos que realizan a Dios no abandonan el mundo para entregarse a la meditación en la soledad. Ellos desarrollan un deseo innato de servir a sus semejantes y a todo lo que existe. Esto puede ser una sorpresa para muchos en Occidente, quienes creen que la espiritualidad es la negación de la vida y que es solo para los ermitaños y los monjes. Sant Darshan Singh solía denominar ese concepto, como "misticismo negativo". Él acuñó el término "misticismo positivo": mientras nos dedicamos a nuestras metas espirituales, continuamos cumpliendo nuestras obligaciones con la familia, la comunidad, la nación y el mundo de la mejor manera posible. Continuamos ganando nuestro sustento honestamente, para mantenernos y mantener a nuestras familias, y para ayudar a los necesitados. Permanecemos en la religión en que nacimos, pero viviendo de acuerdo a su verdadero propósito: conocernos a nosotros mismos y realizar a Dios. Respondemos por nuestras familias y procuramos que obtengan las mejores oportunidades educativas en la vida. Tratamos de lograr lo mejor de ambos mundos. Nos esforzamos por alcanzar la excelencia en todas nuestras actividades. Mientras vivimos y trabajamos en el mundo, siempre tenemos presente nuestra meta espiritual.

Dediquemos nuestro tiempo a las prácticas espirituales para recobrar la belleza innata que Dios nos ha dado. Una vez que la desarrollemos, reflejaremos ese resplandor a los demás. De hecho, derramaremos amor sobre todos los seres vivientes y sobre nuestro planeta tierra.

La restauración de la salud ecológica de nuestra alma eleva y purifica toda la creación. Luego, este mundo recuperará el estado de bienaventuranza y éxtasis divinos para el cual fuimos creados.

Concluyamos con algunos versos del poema *El llanto del alma*, escrito por Sant Darshan Singh:

> No somos más que gotas de la misma fuente de
>   éxtasis divino,
> No somos más que olas del gran río del amor.

> Somos diversas flores en el Jardín del Señor,
> Nos hemos reunido en el mismo Valle de Luz.

> Quienes habitamos sobre esta tierra somos parte de
>   la misma humanidad.
> No hay más que un Dios y todos somos sus hijos.

EJERCICIO

Observe su propio punto de vista sobre la ecología. Trate de agregarle a su vida diaria las prácticas que promuevan el equilibrio ecológico.

Piense acerca de la ecología del alma. ¿Qué factores contaminan la pureza del alma? Haga el propósito de eliminar de su vida aquellos factores contaminantes, con la ayuda de este capítulo.

DIECIOCHO

Realización espiritual en la vida moderna

La gente de todo el mundo está buscando las soluciones a los misterios de la vida y de la muerte, y cómo descubrir lo que existe más allá de este mundo físico. Libros, artículos y congresos contemporáneos muestran el creciente interés en los asuntos espirituales. Más y más personas quieren aprender cómo alcanzar la paz interna a través de la experiencia espiritual.

En la vida moderna encontramos que es difícil lograr un equilibrio en el desarrollo de nuestros aspectos espiritual, intelectual y físico. Las presiones de la vida nos obligan a prestarle mayor atención a nuestro crecimiento intelectual, porque es lo que cuenta para avanzar en nuestra carrera académica y para conseguir un buen empleo. El aspecto físico también se considera importante para mantener una buena salud. Valoramos el ejercicio y los deportes para nuestro bienestar físico y mental. Incluso los expertos en la salud también señalan hoy que el ejercicio físico nos alivia del estrés.

Vemos que la sociedad moderna en general valora el desarrollo físico e intelectual. Infortunadamente, no le da mucha importancia al desarrollo espiritual. Nuestra educación nos enseña a relacionar la espiritualidad con los ritos y las ceremonias de nuestras instituciones religiosas. Si alguien nos dice que está buscando a Dios, nos imaginamos a los monjes de un monasterio sentados en bancas de madera, orando día y noche. Es cierto que en el pasado, las personas abandonaban sus hogares y sus familias para buscar a Dios en los bosques o los desiertos. Pero las eras industrial y tecnológica le han impuesto tales exigencias a la humanidad que la gente no puede abandonar el mundo para seguir la espiritualidad.

Quiero presentarles el siguiente reto: ¿Cómo buscar la espiritualidad en el escenario de la vida moderna? ¿Cómo podemos buscar a Dios de una manera que sea socialmente aceptable y responsable? ¿Cómo podemos alcanzar las alturas espirituales sin sacrificar nuestro crecimiento físico e intelectual? Y, ¿cómo podemos hacerlo dentro del contexto de nuestra vida familiar y comunitaria?

Muchas personas en Occidente tienen la concepción equivocada de que aquellos que buscan a Dios tienen que abandonar sus hogares y la sociedad para vivir en los bosques o en las cimas de las montañas. Quizás ello fuera posible en el pasado, antes de que tuviéramos un sistema económico tan interdependiente. Pero en el mundo actual, ¿quién puede sostenerse a sí mismo, ni decir sostener a sus familias, sin tener un trabajo y contribuir a la sociedad?

ॐ

El Misticismo Positivo

Podemos lograr el auto-conocimiento y la realización de Dios en el contexto de la vida moderna. Podemos tener una vida productiva y satisfactoria en el mundo mientras trabajamos para alcanzar las metas espirituales. Sant Darshan Singh llamó a este enfoque el "misticismo positivo", lo opuesto del "misticismo negativo" que exige que se renuncie al mundo para encontrar a Dios. El sendero del misticismo positivo nos permite conseguir lo mejor de ambos mundos. El concepto de "misticismo positivo" nos da la comprensión de cómo alcanzar el crecimiento espiritual mientras nos enfrentamos a los retos de nuestra época.

El desarrollo espiritual es un proceso por el cual alcanzamos el auto-conocimiento y la realización de Dios. Tenemos un cuerpo físico, una mente y un intelecto. El crecimiento espiritual implica tomar conciencia de que no somos ni el cuerpo ni la mente, sino almas. A través de la vida, nos hemos identificado tanto con nuestro cuerpo y nuestra mente que solos, por nosotros mismos, no podemos separar de ellos nuestro verdadero ser, el alma. De hecho, los grandes filósofos de la antigua Grecia nos exhortaban a hacerlo, con las palabras: "Conócete a ti mismo". Esta expresión estaba inscrita en la entrada del Oráculo de Delfos.

Los instructores espirituales que han dominado el arte de conocerse a sí mismos, pueden enseñarle a los demás cómo alcanzar esta meta. Si observamos los diferentes métodos utilizados a lo largo de la historia, encontramos que la meditación es la manera más efectiva de realizar nuestro ser. Los santos, videntes y místicos nos han dicho que Dios está dentro de nosotros y nos han explicado que el alma es una parte de Dios. Si podemos desviar nuestra atención del mundo externo hacia los planos internos, comprenderemos que somos almas y que Dios está en nuestro interior. Tendremos una experiencia de nuestra alma separada del cuerpo. Experimentaremos el regocijo de vernos libres de la jaula del cuerpo y nos remontaremos como un ave a través de planos más y más elevados de conciencia.

Las palabras son incapaces de describir la embriaguez y la fascinación de los planos superiores. Vemos panoramas más hermosos que cualquiera con el que pudiéramos soñar alguna vez en este mundo. Pero nada puede compararse con la bienaventuranza absoluta que experimenta nuestra alma al reunirse con el Creador. Cuando nuestra alma llega a su meta final, se funde de nuevo en su fuente. Dios es la fuente de todo amor, la fuente de toda bienaventuranza. Cuando el alma se funde de nuevo en Él, los dos se vuelven uno solo. Entramos en un estado de eterna felicidad y amor. Esta es la meta suprema de nuestras meditaciones. La belleza del proceso de la meditación está en que estas experiencias permanecen con nosotros para siempre. Después de la meditación, el alma regresa al cuerpo trayendo consigo la embriaguez y la bienaventuranza de su estadía en el más allá.

El procedimiento de la meditación puede practicarse en la comodidad de nuestro propio hogar, mientras estamos sentados en un tren camino al trabajo o en cualquier momento de soledad. No involucra prácticas difíciles ni posturas rigurosas. Podemos meditar sentados en cualquier posición, la que más nos convenga y en la que podamos permanecer quietos el mayor tiempo posible. La meditación en la Luz y el Sonido internos es tan sencilla que puede practicarla un niño o un anciano, los que tienen buena salud y aquellos que adolecen de incapacidades físicas.

Después de encontrar una postura confortable, uno cierra sus ojos, mira fijamente adentro y experimenta, con la ayuda de un instructor, la Luz y el Sonido divinos. Como se puede ver, este procedimiento no requiere que nos sentemos en la cima de una montaña ni en la jungla. Puede hacerse en nuestro hogar y en el ambiente de nuestra sociedad.

❧

La meditación y la vida moderna

Al practicar la meditación por una o dos horas al día, lograremos grandes recompensas y beneficios. Primero, nuestra concentración mejora de una forma natural. Cuando meditamos, desarrollamos una concentración más sostenida. Esto puede aprovecharse en nuestra vida laboral. Podemos utilizar esta concentración para desarrollar nuestras facultades intelectuales. Desarrollamos un lapso de atención incrementada que nos ayudará a aprender y asimilar más información. Mientras que la mayoría de las personas están tan distraídas que apenas pueden absorber una información parcial de lo que leen y escuchan, la meditación nos ayuda a asimilar y retener más.

A través de la meditación, también experimentamos bienestar físico. Durante la meditación se relaja nuestro cuerpo. Nos liberamos del estrés y la tensión. Los médicos han descubierto los efectos que causa el estrés sobre nuestra salud física. Son muchas las enfermedades relacionadas con el estrés. Al meditar nos aliviamos del estrés y las tensiones. Mientras más contacto hagamos con los reinos internos y más experimentemos el gozo interno, tanta más alegría traeremos a nuestra vida diaria. La meditación nos ayuda a afrontar muchos problemas de la vida con una actitud más calmada y relajada. Al experimentar los mundos del más allá, sabemos que los problemas de este mundo son efímeros. Conocemos una realidad superior y podemos mirar las dificultades del mundo desde una perspectiva distinta. Aun cuando todavía debemos pasar por las pruebas y tribulaciones de la vida, obtenemos tanto apoyo y fortaleza interna que no experimentamos sus efectos punzantes.

Este incremento de concentración y control del estrés y tensión nos ayudará a obtener el éxito en nuestras actividades mundanas. Un subproducto natural será una mayor eficiencia y una mayor productividad en el trabajo. Personalmente, he visto gente que de repente llega a la cima en sus profesiones como resultado de la práctica de la meditación realizada durante varios años. Rápidamente eclipsan a los demás, gracias al incremento de su concentración. Son capaces de producir más y en menos tiempo que aquellos que no han desarrollado el arte de la concentración.

La meditación también le ayuda a los estudiantes a sobresalir en sus estudios. Los capacita para permanecer más tiempo concentrados y retener mayor información. Además, he visto muchos jóvenes que con la práctica de la meditación han obtenido el primer puesto en su clase. Y todos sabemos que los buenos estudiantes están en posiciones ventajosas para conseguir los mejores empleos y oportunidades profesionales.

Pero todavía hay otro aspecto de la meditación que aportará incontables beneficios a nuestras vidas. A medida que el alma viaja al más allá y experimenta su relación con Dios, obtiene una gran realización. Ve a todo ser viviente, sea humano, animal o planta, como parte de Dios. Ve que hay un alma en cada ser. Así, una vez que experimentamos que todos somos parte de Dios empezamos a ver Su Luz brillando en todo el mundo. Vemos a toda la creación como a los hijos de un mismo Padre. Esta es una profunda toma de conciencia que produce un cambio fundamental en nuestra manera de vivir. Desarrollamos amor por todas y cada una de las criaturas vivientes. Comenzamos a amar a todas las personas por igual y a considerarlas como miembros de nuestra propia familia. Desarrollamos paciencia y tolerancia hacia todos los que nos rodean. Desarrollamos las cualidades sublimes de la compasión y la comprensión. Anhelamos ayudar a los necesitados. Se produce una gran transformación en nosotros e irradiamos amor y simpatía a todos los que nos rodean.

Cuanto más perfeccionemos nuestras meditaciones, más contacto tendremos con la fuente interna del amor y por consiguiente amaremos más y seremos amados por los demás. Encontraremos que las cosas que antes nos perturbaban, ahora dejan de tener efecto sobre nosotros. La paz y la armonía entrarán en nuestros hogares y corazones. Nuestra vida social y familiar se volverá pacífica y dichosa.

Uno de los mayores beneficios de la meditación no es solo tener paz en nuestros hogares, sino contribuir a la paz del mundo. La gente está orando en todo el mundo por la paz. Sin embargo, como dice el dicho, la caridad comienza por casa. La paz mundial sólo puede llegar a ser una realidad cuando cada uno de nosotros, individualmente, tenga paz en su propio medio y si esto se logra, el efecto será acumulativo y contribuirá a la paz mundial.

ﻌ

Una contribución positiva a la sociedad

La espiritualidad es un sendero activo. Llegamos a estar más involucrados en el mejoramiento del mundo. El misticismo positivo significa que mientras buscamos el progreso espiritual, también hacemos un aporte positivo a nuestras familias, a la sociedad y al mundo entero.

Parte de nuestro crecimiento espiritual es el desarrollo de las virtudes éticas. Al convertirnos en personas nobles y virtuosas, nos erguimos como pilares de fortaleza e inspiración para aquellos que nos rodean. Al meditar y desarrollar amor por todos, esparciremos la fragancia divina por todas partes. Nos sentiremos conmovidos con el sufrimiento de los demás y rápidamente ayudaremos a los necesitados. En cualquier esfera en la que estemos trabajando, seremos útiles a los demás. Trataremos de utilizar nuestros talentos para el bien de la humanidad. Sant Kirpal Singh visitaba a los enfermos en los hospitales y en sus hogares. Ayudó a mucha gente necesitada. Sant Darshan Singh también ayudó a los necesitados y a las víctimas de los desastres naturales tales como las hambrunas, las inundaciones, los terremotos y las erupciones volcánicas, proporcionándoles alivio, atención médica y ropa. Él mismo fue una encarnación viviente del misticismo positivo y tenemos mucho que aprender de su ejemplo.

Si estamos interesados sinceramente en conocernos a nosotros mismos, los medios para este fin están disponibles. Al desarrollarnos espiritualmente, estaremos haciendo el servicio más grande a nuestro propio ser, a la vez que nos convertimos en una fuerza positiva en la vida de nuestras familias, amigos, compañeros de trabajo y del mundo entero. A medida que desarrollemos el cuerpo, la mente y el espíritu, encontraremos el equilibrio perfecto en nuestras vidas. Con la práctica del misticismo positivo podremos afrontar con éxito el reto de la época.

✸

EJERCICIO

Establezca un plan de acción para incorporar la espiritualidad en su vida. Diseñe un horario en su rutina diaria. Fije un tiempo para la introspección con relación a los pensamientos, palabras y obras que impiden su progreso espiritual. Luego fije un tiempo diario para la meditación y para el servicio desinteresado.

DIECINUEVE

Paz interna y externa

En todo el mundo encontramos que la gente tiene diversas maneras de expresar su deseo por la paz. Escuchamos frases tales como "la paz esté contigo". En la Navidad, la gente envía tarjetas o canta villancicos sobre "paz en la tierra". Vemos gente que muestra dos dedos en la forma de una "V" lo cual simboliza "paz". Cuando alguien muere, oramos para que "descanse en paz".

Las naciones se reúnen continuamente para buscar la forma de lograr la paz entre ellas. En muchos países han nacido organizaciones dedicadas a la paz. Incluso hay un Premio Nobel de la Paz por las contribuciones individuales a esta causa noble.

Entonces la búsqueda de la paz es universal. En toda época y en cada país, la gente ha estado tratando de encontrar la paz en su medio, en su sociedad y en el mundo. ¿No es extraño que a pesar de que tanta gente haya buscado la paz y que esta búsqueda se haya prolongado por tanto tiempo, que la paz continúe siendo tan difícil de encontrar? Pocos encuentran la paz para sí mismos. Nada en el mundo parece proporcionarnos una paz verdadera y perdurable. Comenzamos a preguntarnos por qué la paz es tan difícil de lograr.

🍂

Por qué la paz es tan esquiva

Primero, debemos analizar qué es la paz. Un diccionario la define como la ausencia de discordia y como un estado de serenidad y de calma. En esta definición se encuentra la respuesta al por qué la paz es tan difícil de encontrar. La vida y la discordia parecen ir tomadas de la mano. Ya sea uno pobre o rico, rey o mendigo, su vida siempre se ve acosada por uno u otro problema.

Hay una historia en la vida del Señor Buda que ilustra apropiadamente esta verdad. Una mujer cuyo hijo había muerto fue a ver al Señor Buda. Derramaba copiosas lágrimas por la pérdida de su hijo. Le pidió al Buda que le ayudara a resucitar a su hijo para calmar el terrible dolor de su corazón. El Buda, en su sabiduría, le dijo que la ayudaría si ella le traía primero algunas semillas de mostaza de un hogar donde nunca hubiera muerto nadie. La mujer siguió sus instrucciones y fue de casa en casa. Sin embargo, en cada puerta, ella recibió la misma respuesta. Ella comprendió que no había ninguna familia que hubiera podido evitar la pérdida de uno de sus miembros.

La muerte es un hecho inevitable de la vida. La enfermedad y las dolencias también lo son. No necesitamos sino examinar nuestra propia vida para ver lo difícil que es pasar por la existencia sin ningún percance, accidente o enfermedad. Los libros de medicina contienen numerosas referencias a enfermedades que padecen los seres humanos. No faltan los accidentes que pueden sucedernos cuando vamos por carreteras o caminos. Cuando la muerte o la enfermedad nos amenaza, es difícil vivir en paz continua y perpetua.

Aún si nuestro cuerpo físico está bastante sano, muy pocos pueden pasar por la vida sin tener conflictos. Hay muchos acontecimientos que producen estrés. Si tenemos una familia, sabemos que la enfermedad, infelicidad o desgracia de cualquiera de sus miembros angustia a los demás. Cuando dos personas viven o trabajan juntas, con seguridad tendrán tensiones debido a las diferencias de opinión y a los diversos puntos de vista. Hay muchos más problemas que afligen nuestras vidas. Si buscamos la paz en nuestra vida externa, lo máximo que logramos son momentos transitorios de paz. Es verdad que hay momentos en que gozamos de la calidez de la presencia de nuestros seres queridos o tenemos momentos de felicidad por algún logro o ganancia, pero estos momentos son efímeros. Inevitablemente, la vida regresa con su panorama de problemas. El gran santo y poeta místico Sant Darshan Singh, expresó esto de manera muy bella en uno de sus versos:

> Cada vez que cambia un poco la condición de tu devoto,
> La vida se presenta con otra copa de dolor.

Parece como si la paz perdurable en esta vida fuera virtualmente imposible. La vida es como un péndulo en el que nos balanceamos de un lado a otro, de momentos de alegría a momentos de dolor.

ॐ

Cómo alcanzar la paz interna

Pero la paz se puede alcanzar en esta vida. Solo tenemos que realizar un cambio en el modelo de nuestra vida. Nuestra perspectiva debe cambiar. Normalmente buscamos la paz en el mundo externo. Esperamos encontrarla en nuestras posesiones, posiciones y relaciones. Pero la pérdida de cualquiera de éstas nos produce perturbación e inquietud. Nuestra paz mental se trastorna. Hay una forma de lograr la verdadera paz. Así como

Birbal acortó la línea de Akbar dibujando una línea más larga al lado de ésta, la solución para encontrar la paz puede hallarse de manera similar. No podemos cambiar la naturaleza del mundo ni de sus problemas, pero sí podemos agregar una nueva dimensión a la vida, de tal manera que nos proporcione paz.

La paz se puede encontrar dentro de nosotros. Mucha gente cree que el mundo externo es la única realidad. Pero a través de la historia, los grandes iluminados tuvieron experiencias místicas que les sirvieron para verificar la existencia de las regiones espirituales internas.

Buda encontró la iluminación al ir a su interior. Cristo ha dicho: "El Reino de Dios está dentro de vosotros". Las escrituras musulmanas y las judeocristianas hablan del contacto que tuvieron los profetas con Dios. Los místicos de todas las religiones han descrito sus experiencias espirituales internas. Estos reinos superiores coexisten simultáneamente con nosotros en el mundo físico. Son reinos de paz y bienaventuranza eternas. No podemos cambiar el mundo pero podemos sintonizarnos con aquellos reinos que yacen dentro de nosotros. Al hacer esto, cambiaremos nuestra perspectiva de la vida.

La manera para llegar a este mundo interno es por medio de la meditación. La meditación es el proceso mediante el cual separamos el alma del cuerpo para viajar a las regiones internas. Los maestros espirituales o místicos que han dominado esta ciencia nos la pueden enseñar. Primero, ellos explican la teoría para que podamos entender el proceso. Luego, nos dan una demostración práctica del mismo por medio de la meditación en la Luz y el Sonido internos.

Mientras más nos contactemos con la Luz y el Sonido, más bienaventuranza experimentaremos. El alma experimenta alegría y felicidad puras. Esta bienaventuranza acompaña al alma durante el día y la noche, y experimentamos la paz y el contentamiento.

&

Contribución a la paz externa

Al dominar la meditación bajo la guía de un instructor espiritual, no solo logramos la realización personal sino que nos convertimos en un instrumento para traer la paz y la alegría a aquellos que nos rodean. Cuando nos fundimos en el Creador, reconocemos a todos los seres vivientes como hijos de Dios. Nos damos cuenta que la Luz de Dios que está en nuestro interior está también dentro de todos los demás. Nos damos cuenta que todos los seres somos hermanos en el Creador. Es a este nivel que desarrollamos verdadero amor por todos, por nuestro prójimo y por toda la creación. Nos convertimos en embajadores del amor de Dios. Irradiamos el amor a los demás. Si cada persona adquiriera este conocimiento, habría verdadera paz en este planeta.

Al experimentar la paz interna, podemos lograr la paz externa. Al entrar en el santuario de la paz dentro de nosotros, ganamos los tesoros internos. Algunas personas pueden creer que el sendero de la meditación es de escapismo. Sienten que le exige a uno sentarse en una caverna o en la cumbre de una montaña como un ermitaño. Pero la meditación no conduce al escapismo; más bien nos hace más dinámicos. Es una de las maneras más efectivas para trabajar activamente por la paz externa. Debemos mantener una vida equilibrada en el mundo. Mientras atendemos nuestro desarrollo espiritual, también debemos llevar una vida normal, cumpliendo con nuestras responsabilidades mundanas. Debemos trabajar en el mundo para ganar el sustento. Tenemos que cuidar de nuestra familia. Debemos colaborar con nuestros vecinos, nuestra comunidad, nuestra sociedad, con la nación y con el mundo. Cualquier actividad que emprendamos, debemos hacerla de la mejor manera posible.

El sendero espiritual tiene dos aspectos. Alcanzamos la iluminación y la paz interna para nosotros. Después aprovechamos nuestros talentos y habilidades, y el don de nuestra vida humana, para convertir el mundo en un lugar mejor y más pacífico. Si uno es médico, debe ser el mejor médico posible. Si es carpintero, debe ser el mejor carpintero. Si es músico, debe ser el mejor músico. De esta manera, mejoramos nuestra sociedad y la vida de todos los que nos rodean. Al desarrollar nuestra vida interna y externa, nos convertimos en seres humanos íntegros. Logramos la plenitud y la paz para nosotros, y también ayudamos a otros a lograr lo mismo.

Quizás no podamos cambiar nuestra vida o eliminar sus problemas, pero por medio de la meditación, podemos verla de manera diferente. Con la ayuda de la meditación podemos afrontar la vida porque la comprendemos mejor. Tenemos el conocimiento para afrontar con fortaleza lo que nos suceda. Habremos ganado la paz interior que resulta de la conciencia espiritual y seremos una fuente de paz para quienes nos rodean. Oro con fervor y esperanza para que cada uno de ustedes experimente esta paz interna y de esta manera contribuya a la paz del mundo.

EJERCICIO

Observe el estado de la paz externa en su medio ambiente. Fíjese en los conflictos y problemas que surgen. Continúe con la práctica de la meditación y de la transformación personal en su vida diaria. Al mantener su paz interna, trate de convertirse en una influencia positiva sobre la gente de su medio ambiente. Evite decirles a los demás lo que deben hacer. Esté en paz, irrádiela y observe la contribución que hace a la paz mundial.

Acerca del autor

Sant Rajinder Singh Ji Maharaj es uno de los expertos mundiales más destacados de la meditación. Es director de Ciencia de la Espiritualidad, organización no religiosa, sin ánimo de lucro, con más de medio millón de miembros. Ha presentado su técnica sencilla pero poderosa ante millones de personas en todo el mundo a través de seminarios, programas de radio y televisión, revistas y libros. A donde quiera que haya llegado, su método para alcanzar la paz interna y externa por medio de la meditación ha sido reconocido y altamente respetado por líderes cívicos, religiosos y espirituales.

Preside congresos de gran importancia sobre la espiritualidad y el movimiento de la unidad humana, incluyendo la Conferencia Internacional sobre la Integración Humana, la Conferencia Global de Misticismo y la Conferencia Internacional por la Unidad Humana. Durante el 50 aniversario de las Naciones Unidas, abrió el programa poniendo en meditación a miles de personas. Ha recibido el título Doctor Honoris Causa de tres universidades preeminentes de América Latina.

Entre sus publicaciones constan: *Perlas espirituales para una vida iluminada*; *Descubriendo el poder del alma por medio de la meditación*; *El hilo de seda de la divinidad*; *Ecología del alma y misticismo positivo*; *Sed espiritual*; *Ecos de la divinidad*; *Educación para un mundo en paz*; y *Visiones de la unidad espiritual y de la paz*. Ha producido cintas de audio y videos, y ha escrito cientos de artículos para revistas, periódicos y diarios de todo el mundo. Sus programas son transmitidos a nivel mundial a través de la televisión, la radio y por la Internet.

Se puede contactar Rajinder Singh comunicándose a: Kirpal Ashram, Kirpal Marg, Vijay Nagar, Delhi India 110009; Tel. 2-7222244 o 2-7223333, fax 2-7214040; o en el Centro de Ciencia de la Espiritualidad, 4 S. 175 Naperville Rd., Naperville, IL 60563 USA, Tel. 630-955-1200, fax 630-955-1205.